Jasmin Hagmann

Christoph Hagmann

Erfolgreich bewerben mit Migrationshintergrund

Bibliografische Information der Deutschen Nationalbibliothek

Die Deutsche Nationalbibliothek verzeichnet diese Publikation in der Deutschen Nationalbibliografie; detaillierte bibliografische Daten sind im Internet über www.d-nb.de abrufbar.

ISBN: 978-3-648-02539-0 Bestell-Nr.: 04466-0001
1. Auflage 2012

© 2012, Haufe-Lexware GmbH & Co. KG, Munzinger Straße 9, 79111 Freiburg
Redaktionsanschrift: Fraunhoferstraße 5, 82152 Planegg/München
Telefon: (089) 895 17-0
Telefax: (089) 895 17-290
Internet: www.haufe.de
E-Mail: online@haufe.de
Produktmanagement: Jasmin Jallad

Idee & Konzeption: Dr. Matthias Nöllke, Textbüro Nöllke, München
Redaktion & DTP: Lektoratsbüro Cornelia Rüping, 81679 München
Umschlag: fuchs design, 81671 München
Druck: Bosch-Druck GmbH, 84030 Ergolding

Alle Angaben/Daten nach bestem Wissen, jedoch ohne Gewähr für Vollständigkeit und Richtigkeit. Alle Rechte, auch die des auszugsweisen Nachdrucks, der fotomechanischen Wiedergabe (einschließlich Mikrokopie) sowie der Auswertung durch Datenbanken oder ähnliche Einrichtungen, vorbehalten.

Inhalt

Vorwort	**5**
Einführung	**7**
Welche Kompetenzen habe ich?	**9**
Wie finde ich meine persönlichen Kompetenzen?	9
Was sind Soft und Hard Skills und wie bringe ich sie in meine Bewerbung ein?	13
Passen meine Kompetenzen und mein Berufswunsch zusammen?	19
Migrationshintergrund als Chance	**21**
Zusätzliche Sprachkenntnisse	21
Interkulturelle Kompetenzen	22
Gehen Sie die Extrameile, um sich von der Masse abzuheben	**25**
Berufspraktikum	25
Ferienjobs und Aushilfstätigkeiten	26
Soziales Engagement	27
Wie man Hürden überwindet und Vorurteile aushebelt	**31**
Minderjährige Bewerber/-innen	31
Kopftuch	32
Fehlende Schulabschlüsse, fehlende Deutschkenntnisse	33
Wo suche ich eine Ausbildungsstelle?	**35**

Wie erstelle ich eine komplette Bewerbung? 39

Das Deckblatt 41
Das Anschreiben 43
Der Lebenslauf 46

Die Bewerbungsmuster 57

Ausbildungsplatz zum/zur Friseur/-in 58
Ausbildungsplatz zum/zur Erzieher/-in 63
Ausbildungsplatz zum/zur Einzelhandelskaufmann/-frau 69
Ausbildungsplatz zum/zur Mechatroniker/-in 75
Ausbildungsplatz zum/zur Reiseverkehrskaufmann/-frau 81
Ausbildungsplatz zum/zur Medizinischen Fachangestellten 87
Ausbildungsplatz zum/zur Kaufmann/-frau für Marketingkommunikation 93
Ausbildungsplatz zum/zur IT-Systemkaufmann/-frau 99
Ausbildungsplatz zum/zur Bankkaufmann/-frau 105
Ausbildungsplatz zum/zur Kaufmann/-frau für Spedition und Logistikdienstleistung 111

Das Vorstellungsgespräch 117

Einstellungstests 119

Der abschließende Bewerbungs-Check 121

Erfahrungsberichte 127

Anhang 131

Stichwortverzeichnis 135

Die Autoren 136

Vorwort

Liebe Leserin, lieber Leser,

mit diesem Bewerbungsratgeber möchten wir Ihnen helfen, die richtige Arbeit beziehungsweise den richtigen Beruf zu finden. Egal, ob Sie sich für einen Ausbildungsplatz, die erste Stelle, ein Praktikum oder innerhalb eines Betriebs auf eine neue Stelle bewerben, sollten Sie sich über die eigenen Fähigkeiten und Ziele Klarheit verschaffen, die bestehenden Jobmöglichkeiten analysieren und sich professionell bewerben.

Neben den zahlreichen Hindernissen, die man beim Bewerbungsprozess überwinden muss, und den vielen Fragen, die sich den Bewerbern stellen, haben Menschen mit Migrationshintergrund häufig zusätzliche Hürden zu nehmen. Dazu gehören scheinbar banale Dinge wie beispielsweise ungewohnte Familiennamen oder ausländische Zeugnisse.

Leider kommt es in Deutschland immer noch zu Diskriminierung aufgrund der Herkunft eines Menschen. Diese Benachteiligung macht auch vor dem Arbeitsmarkt nicht halt. Die Deutschlandstiftung Integration möchte die Chancengleichheit von Mitbürgerinnen und Mitbürgern mit Migrationshintergrund verbessern. Sie ist eine Initiative des Verbands Deutscher Zeitschriftenverleger e. V. (VDZ). Mit den Kernkompetenzen der Verlage – Aufklärung und Information – will sie für die Integration in Deutschland einen verantwortungsvollen Beitrag leisten. Von den in Deutschland lebenden Menschen haben inzwischen 20 Prozent einen Migrationshintergrund. Der türkische Rechtsanwalt, die serbische Bäckerin und der vietnamesische Flugbegleiter gehören zum alltäglichen Erscheinungsbild unseres Landes. Sie alle helfen, den Wohlstand in Deutschland zu sichern, unsere Kultur zu bereichern und die Globalisierung erfolgreich zu meistern.

Die Botschafter der Kampagne „Raus mit der Sprache. Rein ins Leben." der Deutschlandstiftung Integration, zu denen die niedersächsische Sozialministerin Aygül Özkan, der Kicker des FC Bayern München Jerome Boateng und der Rapper Sido gehören, machen sich für unsere Gesellschaft stark und werben für das Erlernen der deutschen Sprache. Dies ist uns eine Herzensangelegenheit, denn die deutsche Sprache ist ein Schlüssel für ein erfolgreiches Leben in unserem Land. Gute Sprachkenntnisse sind die Voraussetzung, um Zugang zu Bildung zu finden, einen Arbeitsplatz zu bekommen und gesellschaftliche Anerkennung zu erfahren.

Zum Glück kennt die Welt von heute kaum noch Grenzen. Die meisten Hindernisse, die unserer Entwicklung und unserem Glück entgegenstehen, befinden sich in unseren Köpfen. Nehmen Sie die Planung Ihres beruflichen Werdegangs zuversichtlich in die Hand und lassen Sie sich nicht von vermeintlichen Hürden abschrecken. Die nächste Bewerbung, die Sie schreiben, ist Ihre Chance, sich selbstbewusst darzustellen und Menschen durch Offenheit für sich einzunehmen.

Die folgenden Kapitel geben Ihnen Rat und Tipps, wie Sie Ihre Bewerbung möglichst gut aussehen lassen und ein positives Bild von sich vermitteln können. Sie befassen sich aber auch mit Fragen und Vorurteilen, denen Sie im Lauf Ihres Bewerbungsprozesses eventuell begegnen werden.

Die Deutschlandstiftung Integration wünscht Ihnen viel Erfolg!

Einführung

Integration, Migration, Migrationshintergrund, Fachkräftemangel, demografische Entwicklung, Globalisierung, Bewerbermangel – die Aufzählung ließe sich beliebig verlängern. Schlagwörter wie diese bestimmen seit einiger Zeit die Medienberichterstattung und den politischen Alltag, wenn es um den Arbeitsmarkt geht. Wurden Ausländer, Einwanderer und Mitbürger mit Migrationshintergrund noch vor einigen Jahren eher als Herausforderung, Problem oder Belastung betrachtet, so hat sich die Stimmung inzwischen gewandelt. Es herrscht Fachkräftemangel und die demografische Entwicklung in Deutschland und anderen Ländern lässt für den Arbeitsmarkt in den kommenden Jahren und Jahrzehnten nichts Gutes ahnen.

Während die Nachfrage nach gering qualifizierten und ungelernten Arbeitskräften sinkt, steigt die Nachfrage nach qualifizierten und gut ausgebildeten Fachkräften noch weiter, so die Prognosen. Firmen wie Siemens vermuten, dass ihnen in wenigen Jahren mehrere tausend qualifizierte Fachkräfte fehlen werden. Auch mittelständische und große Unternehmen setzen immer mehr auf die eigene Ausbildung der Mitarbeiter und versuchen gleichzeitig, sich neue Mitarbeitermärkte zu erschließen. So bietet Siemens beispielsweise jährlich 250 Ausbildungsplätze für sogenannte benachteiligte Jugendliche an. Mit dem Programm, für das Siemens jährlich rund 30 Millionen Euro investiert, sollen Jugendliche, die wegen mangelnder Schulleistungen und anderer Defizite in den Grundkompetenzen bislang noch keinen Ausbildungsplatz gefunden haben, eine neue Chance erhalten.

Statt stur auf Noten zu schauen, achte das Unternehmen auf die persönlichen Fähigkeiten und Interessen der Bewerber, etwa im technischen Bereich, erklärt Michael Friedrich, Pressesprecher bei Siemens. Kommunikationsdefizite könnten die Azubis dann während der Ausbildung mittels einer intensiven Betreuung durch einen Mentor und durch Zusatzangebote wie Sprach- oder Mathematikkurse abmildern oder beheben. Rund ein Drittel der Auszubildenden des Projekts seien Bewerber mit Migrationshintergrund, so Friedrich weiter.

Einen Wandel im Bewusstsein der Arbeitgeber kann auch Nicole Schmohl, Berufsberaterin bei der Bundesagentur für Arbeit, feststellen. Die Gruppe der Arbeitgeber, die Bewerber aufgrund ihres Migrationshintergrunds von vornherein ablehnen, sei inzwischen verhältnismäßig klein, sogar kleiner, als man gemeinhin denke. Denn längst habe man auch in Arbeitgeberkreisen festgestellt, dass Bewerber mit Migrationshintergrund einiges zu bieten haben und die Lücke bei den Fachkräften durchaus schließen können. Allerdings hapere es oft daran, dass sich viele Bewerber mit Migrationshintergrund nicht richtig präsentieren, so Schmohl weiter. „Wenn sie sich ordentlich bewerben, laufen sie Bewerbern ohne Migrationshintergrund häufig den Rang ab."

Doch das ist oftmals nicht der Fall. Eines der Probleme sei, dass sich viele Bewerber mit Migrationshintergrund immer noch in der Opferrolle sähen. Vorurteile gebe es immer noch viele, aber es müsse auch endlich ein Mentalitätswechsel bei den Migranten stattfinden, fordert Nicole Schmohl. Es sei definitiv kein Makel, zusätzlich Persisch oder Türkisch sprechen zu können oder in der Lage zu sein, sich interaktiv in und zwischen unterschiedlichen Kulturen zu bewegen. Im Gegenteil, es handle sich dabei um zusätzliche Kompetenzen und Qualifikationen. Daher ist Nicole Schmohl sich auch sicher: „Die eigenen Kompetenzen müssen nach vorne" und Migration dürfe nicht länger als Makel, Problem oder Belastung verstanden werden, sondern als Chance – als eigene Chance.

Natürlich wünschen auch wir Autoren Ihnen viel Erfolg bei Ihrer Bewerbung um einen Ausbildungsplatz. Wir hoffen, dass wir Ihnen mit diesem Buch, den darin enthaltenen Informationen, Tipps und Musterbewerbungen helfen können, eine Bewerbungsmappe zusammenzustellen, die Sie fit für den Arbeitsmarkt macht. Dieser Ratgeber basiert nicht nur auf unserer jahrelangen Erfahrung in den Bereichen Bewerbermanagement, Personal- und Bewerberberatung, sondern auch auf den persönlichen Erfahrungen von Jasmin Hagmann, die selbst einen Migrationshintergrund hat. In diesem Sinne: viel Erfolg!

Eichenried, im März 2012
Jasmin und Christoph Hagmann

Welche Kompetenzen habe ich?

Wie bringt man die eigenen Kompetenzen nach vorne? Wie hebt man sich als Bewerber von anderen Bewerbern ab? Und vor allem: Wie hebt man sich als Bewerber mit Migrationshintergrund von anderen ab? Wie nutzt man Migration als persönliche Chance? Und wo genau liegen eigentlich die eigenen Kompetenzen?

Wie finde ich meine persönlichen Kompetenzen?

Die Suche nach den eigenen Kompetenzen, Qualifikationen und Fähigkeiten beginnt mit einem Stift, einem Stück Papier und einem Ausflug in Ihre Freizeit und in Ihre Zukunft. Beschäftigen Sie sich einmal mit den folgenden Fragen, um mehr über sich selbst herauszufinden.

- Was macht mir Spaß?
- Was interessiert mich? Welche Themen interessieren mich?
- Was mache ich in meiner Freizeit? Und mit wem?
- Was mache ich in meiner Freizeit am liebsten?
- Bin ich gerne mit Menschen zusammen?
- Mache/gestalte ich gerne etwas mit anderen Menschen?
- Was macht mir in Gesellschaft Spaß?
- Was kann ich besonders gut?
- Was möchte ich besonders gut können?
- Was möchte ich besser können?
- Womit möchte ich mich intensiver beschäftigen?

Zugegeben, bei den meisten Jugendlichen springt unterm Strich an dieser Stelle noch kein fertiges Kompetenzprofil heraus. Aber immerhin lassen sich schon erste Interessen und Fähigkeiten erkennen. Die zweite Reise führt in die Schule.

- Welches sind meine Lieblingsfächer? Welche Fächer machen mir Spaß? Was gefällt mir daran?
- Welche Fächer fallen mir besonders leicht und warum?
- Welche Fächer fallen mir schwer? Wo habe ich besondere Probleme?
- In welchen Fächern wäre ich gerne besser, weil sie mich eigentlich doch interessieren?
- Welche Fächer machen mir keinen Spaß?
- Komme ich mit den Lehrern gut aus? Verstehe ich mich mit meinen Mitschülern gut?
- Was sagen meine Lehrer über mich? Was kann ich ihrer Meinung nach besonders gut? Wo habe ich meine Schwächen?
- Engagiere ich mich in der Schule (als Klassensprecher, im Chor, in der Theatergruppe)?

Die dritte Reise führt in die Familie und zu Freunden.

- Was sagen meine Verwandten und Freunde über mich?
- Was gefällt ihnen an mir?
- Wo sehen sie meine Stärken? Wo meine Schwächen? Und stimmt das?
- Was kann ich ihrer Meinung nach besonders gut?
- Wofür loben sie mich? Worum beneiden sie mich? (Beispiele: technisches Feingefühl, Menschenkenntnis, Hilfsbereitschaft, Verantwortungsgefühl)

Wie finde ich meine persönlichen Kompetenzen?

- Was gefällt ihnen an mir nicht?
- Wofür kritisieren sie mich?

Mit Ihren Antworten können Sie gleich zwei Fliegen mit einer Klatsche schlagen. Zum einen finden Sie heraus, welche Interessen Sie haben. Welche Berufe oder Berufsfelder können Sie sich für sich vorstellen? Zum anderen geht es um Ihre Qualifikationen, Fähigkeiten und Kompetenzen und ob sich diese mit Ihren Berufswünschen vereinbaren lassen. Leider scheitert die Suche in vielen Fällen schon an der ersten Frage, die Frage nach den Interessen.

„Viele Jugendliche machen sich einfach zu wenig Gedanken und haben deshalb überzogene Vorstellungen von ihrem Wunschberuf", weiß Berufsberaterin Renate Wagner von der Bundesagentur für Arbeit aus ihrer täglichen Arbeit. „Das Selbstbild und die Ansprüche an den Wunschberuf passen einfach nicht zusammen." Mit einem gerade so bestandenen Hauptschulabschluss sei es eben nicht so einfach, einen Ausbildungsplatz zur Bürokauffrau zu finden.

Die Suche nach den eigenen Kompetenzen und möglichen Ausbildungsberufen sollte am besten so früh wie möglich beginnen.

- Hauptschüler: spätestens zu Beginn der achten Klasse
- Realschüler: spätestens zu Beginn der neunten Klasse
- Gymnasiasten: vor beziehungsweise während der Oberstufe

Vor allem Haupt- und Realschüler sollten diese Eckdaten ernst nehmen, da

- sie sich mit den Zeugnissen am Ende dieser Klassen um eine Lehrstelle bewerben,
- sie zu diesem Zeitpunkt oft noch die Chance haben, ihre Noten zu verbessern, und

- noch Zeit ist, sich durch Praktika, Ferienjobs, Probearbeit, soziales Engagement und Ähnliches für Arbeitgeber attraktiver zu machen.

Viele Jugendliche lassen sich aber einfach zu viel Zeit und das Ganze lieber auf sich zukommen. Das gelte besonders für Bewerber mit Migrationshintergrund, sagt Renate Wagner, Berufsberaterin der Bundesagentur für Arbeit. Dabei seien gerade ein Schulabschluss und eine erfolgreich beendete Berufsausbildung die wichtigsten Meilensteine, um das Risiko der Arbeitslosigkeit zu vermeiden, betont ihr Kollege Knut Böhrnsen, Pressesprecher der Bundesagentur für Arbeit in Hamburg. Stammgast bei Arbeits- und Sozialamt zu sein, das sei kein Spaß, so Böhrnsen weiter. Und es könne auch nicht das Ziel von Jugendlichen sein, von einem Aushilfsjob zum nächsten zu wechseln und immer zu den Ersten zu gehören, die wieder auf der Straße stehen. „Dabei lässt sich nichts besser vorbereiten als die eigene Berufsplanung beziehungsweise -wahl", betont Böhrnsen weiter. „Schnapp dir einen Freund und los geht es mit der Planung. Das ist spannend und macht Spaß!"

Über das Internet haben Sie Zugang zu allen wichtigen Informationen. Auf vielen Webseiten werden fast alle Berufe, in denen man sich ausbilden lassen kann, vorgestellt. Hier können Sie alles über die schulischen Voraussetzungen, Einsatzgebiete, Aufgaben, Gehälter, Fortbildungs- und Karrierechancen bis hin zu Alternativmöglichkeiten, falls es mit dem angestrebten Beruf oder der gewünschten Ausbildungsstelle nicht klappen sollte, herausfinden.

Eine dieser Informationsseiten ist das Informationsforum der Bundesagentur für Arbeit (www.berufenet.arbeitsagentur.de). Nahezu jeder Beruf ist hier aufgelistet und eine Fülle von Informationen steht zur Verfügung, um sich einen ersten Eindruck vom Wunschberuf und von möglichen Alternativen zu machen. Und Sie können herausfinden, ob Sie die notwendigen Qualifikationen mitbringen.

Wenn Sie sich noch nicht sicher sind, welche Berufe für Sie interessant sind, können Sie auch erst einmal einen „Schaufensterbummel" machen und selbst gewählte Schlüsselbegriffe in die Suchmaschine bei der Bundesagentur für Arbeit eingeben, etwa die eigenen Interessen oder Stärken.

Suchbegriff (Anzahl der gefundenen Berufe)

- Technik (207)
- Kfz (55)
- Büro (188)
- Kaufmann/-frau (57)
- Reise (28)
- Kommunikation (103)
- Mechatroniker (10)
- Bankkaufmann/-frau (7)
- Gastronomie (59)
- Freizeit (76)
- Friseur (8)
- Medizin (258)
- IT (132)
- Elektro (236)
- Pflege (82)
- Kosmetik (23)
- Erzieher/-in (10)
- Kinder (80)
- Medien (118)
- Verkauf (165)
- Einzelhandel (82)

Was sind Soft und Hard Skills und wie bringe ich sie in meine Bewerbung ein?

Zurück zu den Kompetenzen der einzelnen Bewerber: Mit den Fragen nach Freizeitgestaltung, Hobbys und Interessen lässt sich oft schon eine Richtung erkennen, in die die Berufswahl wohl gehen wird. Wer sich in seiner Freizeit für Technik und Mechanik interessiert, wird auch beruflich eher in Richtung Mechatroniker tendieren. Der Blick auf das eigene Können und die persönlichen Eigenschaften wird vor allem dann interessant, wenn Sie sie mit den Anforderungen in einer Berufsbeschreibung vergleichen wollen, denn darin werden meist einige Soft Skills genannt. Eine Eventmanagerin sollte zum Beispiel Organisationstalent besitzen, eine Erzieherin belastbar sein, von einer medizinischen Fachangestellten wird Sorgfalt und Einfühlungsvermögen erwartet.

Soft Skills (soziale und emotionale Fähigkeiten)

Zu den Soft Skills gehören all jene Fähigkeiten, die auf das Miteinander von Mitarbeitern, Kollegen, Kunden, Patienten, Geschäftspartnern und anderen Mitmenschen abzielen beziehungsweise die den Charakter eines Bewerbers, eines Mitarbeiters oder eines Vorgesetzten näher beschreiben. Zu den Soft Skills gehören zum Beispiel diese Eigenschaften:

- Teamfähigkeit
- Kommunikationsgabe
- Durchsetzungsvermögen
- Eigenverantwortung
- Verantwortungsbewusstsein
- Selbstbewusstsein
- Durchhaltevermögen
- Kritikfähigkeit
- Analytisches Denken
- Belastbarkeit
- Leistungsbereitschaft
- Toleranz, Respekt
- Kundenfreundlichkeit
- Motivation

- Integrationsbereitschaft
- Interkulturelle Kompetenz
- Menschenkenntnis
- Einfühlungsvermögen
- Anpassungsbereitschaft
- Verhandlungsgeschick
- Konfliktbewältigung
- Organisationstalent
- Zeitmanagement
- Prioritäten setzen
- Interesse, Neugier
- Sorgfalt
- Ausdauer
- Kreativität

Wichtig in dieser Liste sind für Sie vor allem die sogenannten interkulturellen Kompetenzen, die insbesondere Menschen mit Migrationshintergrund zugeordnet werden. Auf dieses spezielle Thema gehen wir später genauer ein.

Was sind Soft und Hard Skills und wie bringe ich sie in meine Bewerbung ein?

Notieren Sie doch einfach einmal, welche Soft Skills Sie haben, und ergänzen Sie, wann und wo Sie diese unter Beweis stellen konnten. Orientieren Sie sich dabei an den folgenden Beispielen. Nehmen Sie sich Zeit, denn das Ergebnis bringt Sie auf dem Weg zu Ihrer Ausbildung auf jeden Fall einen großen Schritt weiter.

- Teamfähigkeit: bei einem Schulprojekt oder in der Jugendgruppe.

- Kommunikationsgabe: Sie sind zum Beispiel ein guter Zuhörer oder können Gesprächspartner mit Ihren Argumenten überzeugen.

- Durchsetzungsvermögen: gegenüber den eigenen Geschwistern.

- Verhandlungsgeschick: Sie überzeugen mit Ihren Argumenten und das zum richtigen Zeitpunkt, etwa wenn Ihre Eltern Ihnen etwas nicht erlauben wollen.

- Eigenverantwortung: Sie können selbstständig anspruchsvolle Aufgaben erledigen.

- Verantwortungsbewusstsein: beim Babysitten.

- Organisationstalent: Sie haben eine Feier, eine Überraschungsparty oder einen Schulausflug geplant und organisiert.

- Integrationsbereitschaft: Sie haben sich in eine Gruppe eingefügt, zum Beispiel in eine Jugendgruppe.

- Menschenkenntnis: Sie haben jemanden richtig eingeschätzt, obwohl alle Zeichen für etwas anderes sprachen.

- Belastbarkeit: Neben der Schule haben Sie einen regelmäßigen Aushilfsjob übernommen.

- Einfühlungsvermögen: Leute kommen mit ihren Problemen zu Ihnen und fühlen sich verstanden.

- Leistungsbereitschaft: durch zusätzliche Praktika oder berufsorientierte Jobs.

- Interkulturelle Kompetenz: Sie haben erfolgreich zwischen zwei Kulturwelten vermittelt, zum Beispiel in der Schule einen Streit geschlichtet oder für gegenseitiges Verständnis geworben.

- Kundenfreundlichkeit: Sie haben während Praktika oder bei Aushilfsjobs immer ein sehr gutes Verhältnis zu den jeweiligen Kunden aufbauen können.

> **HIER FINDEN SIE MEHR ZUM THEMA SOFT SKILLS**
>
> Weitere Ausführungen zu und Listen mit Soft Skills finden Sie beispielsweise unter www.bewerben-mit-migrationshintergrund.de. Dort stehen auch Arbeitsmaterialien rund um das Thema Hard und Soft Skills zum Ausdrucken bereit.

Soft Skills in den Bewerbungsunterlagen

Wenn Sie als Bewerber über ein oder mehrere Soft Skills verfügen, sollten Sie das auch in die Bewerbungsunterlagen einbauen – am besten belegt mit einem konkreten Beispiel. Wer sich um eine Lehrstelle bewirbt, kann auf Erfahrungen im Rahmen der geleisteten Berufspraktika oder Aushilfsjobs, aber auch in Vereinen, Organisationen, der Schule oder dergleichen zurückgreifen.

> **SO BAUEN SIE SOFT SKILLS INS ANSCHREIBEN EIN**
>
> (...) Während meiner Zeit als Jugendgruppenleiter beim deutsch-türkischen Jugendverein in Hamburg habe ich gelernt, jüngere Gruppenmitglieder zu motivieren, in die Gruppenaktivität zu integrieren, aber auch die eine oder andere Streitigkeit zu schlichten, um wieder Ruhe in die Gruppe zu bringen. Zudem habe ich gemeinsam mit anderen Gruppenleitern Ausflüge und mehrtägige Freizeiten organisiert (...)

Unser Bewerber hat hier in zwei Sätzen eine ganze Reihe von Soft Skills untergebracht und sie gut belegt, ohne die jeweiligen Eigenschaften konkret zu benennen: Erkennen lassen sich Führungsqualitäten, interkulturelle Kompetenz, Motivationsfähigkeit, Integrationsfähigkeit, Konfliktbewältigung, Kommunikationsgabe, Menschenkenntnis, Teamarbeit, Organisationstalent, Verantwortungsbewusstsein. Bestimmt ließen sich noch ein paar mehr finden.

Einige Soft Skills lassen sich auch hervorragend in den Lebenslauf einarbeiten, beispielsweise bei der Aufzählung der Arbeiten und Aufgaben, die man bei einem Berufspraktikum, Ferienjob, im Rahmen eines Ehrenamts oder eines sozialen Engagements erledigt hat.

BEISPIEL 1: SO BAUEN SIE SOFT SKILLS IN DEN LEBENSLAUF EIN

Elterninitiative „Die Wühlmäuse" (Kindergarten), Berlin
Dreiwöchiges Berufspraktikum, Gruppengröße: 17 Kinder

- Mithilfe bei der Betreuung der Kinder
- Sprachübungen mit jüngeren Kindern
- Übersetzung eines Infoflyers ins Türkische
- Organisation des Lotteriespiels für das Sommerfest

Unsere Bewerberin hat mithilfe der Aufgaben, die sie während ihres Berufspraktikums erfüllt hat, Soft Skills wie Verantwortungsbewusstsein, Belastbarkeit, Einfühlungsvermögen und Organisationstalent in ihren Lebenslauf eingebaut. Zudem hat sie die sprachlichen Kompetenzen, die sie mitbringt, unterstrichen.

BEISPIEL 2: SO BAUEN SIE SOFT SKILLS IN DEN LEBENSLAUF EIN

Event-Agentur Heaven Travels, Hannover
Sommeraushilfe, vier Wochen

- Planung und Organisation einer Hochzeit mit rund 80 Gästen
- Vorbereitung Messeteilnahme: Werbeanzeigen
- Social-Media-Auftritt der Agentur bei Facebook

Hard Skills

Während Soft Skills oft etwas schwammig und schwer greifbar sind, lassen sich Hard Skills wesentlich leichter erfassen. Bei den Hard Skills handelt es sich um handfestes Wissen und Können, beides kann in der Regel klar und deutlich abgefragt werden. In Stellenanzeigen begegnen Bewerbern Hard Skills beispielsweise so:

- Schulabschlüsse, Noten
- Fachwissen, Spezialwissen
- Technisches Geschick, technisches Verständnis
- Mathematisches Verständnis
- Sprachkenntnisse/Fremdsprachen
- IT- und Computerkenntnisse

Für Schulabgänger auf der Suche nach einem Ausbildungsplatz ist meist der Schulabschluss maßgeblich. Die weiteren Hard und Soft Skills sind Zugaben, können aber im Einzel- oder Zweifelsfall darüber entscheiden, welcher Bewerber am Ende eine Zusage erhält. Sie sollten deshalb in den Bewerbungsunterlagen und im Vorstellungsgespräch nicht unterschätzt oder vernachlässigt werden. Versuchen Sie, Ihre Hard und Soft Skills im Lebenslauf sowie im übrigen Bewerbungsverfahren gut zu platzieren, um sich ein paar Pluspunkte zu sichern.

WELCHE VORAUSSETZUNGEN FÜR WELCHEN BERUF?

Welche Bildungsabschlüsse für welche Ausbildung vorgegeben sind und welche Abschlüsse Arbeitgeber bevorzugen, können Sie ebenfalls auf der Berufsinformationsseite der Bundesagentur für Arbeit in Erfahrung bringen. Recherchieren Sie unter www.berufenet.arbeitsagentur.de.

Hard Skills in den Bewerbungsunterlagen

Hard Skills werden in der Regel im Lebenslauf angeführt und eingeschätzt, belegen lassen sie sich mit Zeugnissen, Zertifikaten und Bewertungen. Werden bestimmte Fähigkeiten jedoch in einer Stellenausschreibung ausdrücklich genannt oder sind für den Beruf ganz offensichtlich von Bedeutung, können Sie sie auch ins Anschreiben einbauen. Das gilt vor allem für Bewerbungen um einen Ausbildungsplatz.

SO BAUEN SIE HARD SKILLS INS ANSCHREIBEN EIN

> (...) Mein technisches und mechanisches Verständnis habe ich vor allem meinem Großvater zu verdanken. Jedes Jahr in den Sommerferien habe ich mit ihm von klein auf seine Sammlerstücke (alte Taschenuhren) überholt. Aus gesundheitlichen Gründen hat er diese Aufgabe inzwischen an mich übergeben (...)

Neben den Hard Skills technisches und mechanisches Verständnis hat unser Bewerber noch mindestens drei Soft Skills in diese beiden Sätze gepackt, nämlich Sorgfalt, Ausdauer und Vertrauenswürdigkeit.

Passen meine Kompetenzen und mein Berufswunsch zusammen?

Sie haben nun ein etwas genaueres Bild davon, welchen Beruf Sie sich für Ihre Zukunft vorstellen können, welche Soft und Hard Skills dafür notwendig sind und welche Voraussetzungen Sie tatsächlich mitbringen. Damit sind Sie schon einen gehörigen Schritt weiter. Vielleicht hat sich gezeigt, dass Wunsch und Realität bei Ihnen nicht unbedingt zusammenpassen. Aber: Die Richtung ist Ihnen bekannt und Sie können sich nach Alternativen umsehen. Wenn es mit der Wunschausbildung nicht auf Anhieb klappt, bedeutet das noch lange nicht, dass Sie etwas ganz anderes machen müssen. Manchmal ist eben ein kleiner Umweg nötig, um am Ende das Ziel zu erreichen.

Die folgenden Beispiele zeigen, dass es für so manche Ausbildung alternative Wege gibt, über die Sie dem eigentlichen Wunschberuf doch noch näher kommen können.

Industriekaufmann/-frau	→ Kaufmann/-frau Groß- und Außenhandel
	→ Automobilkaufmann/-frau
	→ Bürokaufmann/-frau
Bürokaufmann/-frau	→ Rechtsanwaltsfachangestellte/-r
	→ Fachangestellte/-r für Bürokommunikation
Bankkaufmann/-frau	→ Kaufmann/-frau für Versicherungen
	→ Steuerfachangestellte/-r

→ Mit diesen Ausbildungen ist später eine Weiterbildung möglich, die die Bewerberin/den Bewerber näher an den Wunschberuf heranbringt.

Wer sich bei der Berufswahl unterstützen lassen möchte, um aus seinen Chancen das Bestmögliche zu machen, der sei bei den Berufsberatern der örtlichen Agenturen für Arbeit bestens aufgehoben, erklärt beispielsweise Berufsberaterin Renate Wagner, die selbst dort tätig ist. Das Angebot der Agentur sei inzwischen so groß, dass eigentlich für jeden etwas dabei sei. Neben allgemeinen Informationsveranstaltungen, zum Beispiel in Schulen, Integrationsvereinen oder bei Jobmessen, stehe jedem Jugendlichen auch eine persönliche Beratung offen. Zudem arbeite die Agentur mit vielen Bildungseinrichtungen und Unternehmen zusammen, viele Projekte von Unternehmen laufen über die Agenturen für Arbeit.

Migrationshintergrund als Chance

Bei der Suche nach einer Lehrstelle müssen Sie sich nicht nur von Ihrer besten Seite zeigen, Sie stehen auch im Konkurrenzkampf mit den anderen Bewerbern. Da hilft es ungemein, wenn Sie sich von der Masse etwas abheben. Neben den üblichen Zusatzqualifikationen haben vor allem Bewerber mit Migrationshintergrund die Möglichkeit, auf sich und ihre besonderen Fähigkeiten aufmerksam zu machen, darunter zum Beispiel:

- Zusätzliche Sprachkenntnisse
- Soft Skills durch interkulturelle sowie kulturbedingte Kompetenzen
- Auslandserfahrung
- Belastbarkeit, belegt durch Doppelbelastung (zum Beispiel Unterricht in der türkischen Schule am Nachmittag)

Leider geben viele Bewerber solche Zusatzqualifikationen in ihren Bewerbungsunterlagen nicht an, wie die Erfahrungen der Berufsberater zeigen. Ihnen erscheinen diese Qualifikationen ganz selbstverständlich – manche betrachten sie sogar als Makel und daher als hinderlich.

Zusätzliche Sprachkenntnisse

Vor allem die Kenntnis zusätzlicher Sprachen wie Türkisch, Persisch oder Arabisch sehen viele jugendliche Bewerber eher als Makel statt als zusätzliche Qualifikation. Und viele gehen davon aus, dass zusätzliche Sprachkenntnisse nur dann in der Bewerbung erwähnt werden sollten, wenn dafür ein Zertifikat oder eine ähnliche Bescheinigung vorliegt. Doch ganz gleich, welche Sprache oder gar Sprachen man im Elternhaus gelernt hat, dieses Wissen gehört auf jeden Fall in die Bewerbungsunterlagen. Damit der Personalentscheider beziehungsweise der potenzielle Arbeitgeber einschätzen kann, wie gut Sie die angeführten Sprachen beherrschen, nehmen Sie im Lebenslauf am besten eine eigene Einschätzung vor.

BEISPIEL	SO KÖNNEN SIE IHRE SPRACHKENNTNISSE BEWERTEN
Deutsch	fließend in Wort und Schrift
Türkisch	Muttersprache
Englisch	sehr gut
Französisch	gut
Spanisch	Schulkenntnisse
Arabisch	Grundkenntnisse

Die Sprachkompetenzen der Bewerber mit Migrationshintergrund wissen inzwischen viele Arbeitgeber zu schätzen. Gründe dafür gibt es viele, darunter diese:

- Das Unternehmen kann sich neue Kundenkreise erschließen.
- Auf spezielle Kundenwünsche kann besser eingegangen werden, da sie „verstanden" werden.
- Sprachliche Barrieren im Verhältnis zu Kunden oder zu Geschäftspartnern können überwunden werden.

Interkulturelle Kompetenzen

Interkulturelle Kompetenzen zeigen sich beispielsweise in der Fähigkeit,

- mit Menschen anderer Kulturen erfolgreich agieren zu können,
- zwischen mehreren Kulturen oder Kulturkreisen vermitteln zu können,
- sich sicher in zwei oder mehreren Kulturkreisen bewegen zu können.

Dabei geht es vor allem um folgende Bereiche:

- Religion
- Geschäftsgewohnheiten
- Essgewohnheiten
- Manieren
- Tugenden (zum Beispiel Pünktlichkeit, Höflichkeit)

Die Vorteile für Arbeitgeber, die Mitarbeiter mit interkulturellen Kompetenzen beschäftigen, sind vielseitig. Hier einige Beispiele:

- Kulturell sensible Themen und Bereiche lassen sich besser handhaben (zum Beispiel Alkohol, Ernährung, Religion, Knigge).

- Kulturelle Missverständnisse können vermieden werden, da die Ursachen bekannt sind, zum Beispiel eine andere Form der Konfliktbewältigung, andere soziale Umfelder, andere Gepflogenheiten, Traditionen, Arbeitszeiten, Arbeitsbedingungen, Schwerpunktsetzung, Umgangsformen oder politische beziehungsweise gesellschaftliche Strukturen.

- Persönliche Bedürfnisse und Sensibilitäten von Kunden und vor allem Patienten können beachtet werden. Zudem lassen sich Missverständnisse vermeiden (zum Beispiel bei Kommunikationsschwierigkeiten oder in Bezug auf Schamgefühl oder Ehrgefühl).

ARZTHELFER/-IN: WAS INTERKULTURELLE KOMPETENZ BEDEUTET

Ein Arztbesuch ist in den meisten Fällen etwas sehr Persönliches und somit ein sensibler Bereich. Gerade Patienten und Patientinnen mit Migrationshintergrund haben möglicherweise ein anderes Scham- oder Integritätsgefühl, sie haben andere Erwartungen und Vorstellungen von Untersuchungen oder vom Umgang der Ärzte mit Patienten. Kommen noch sprachliche Schwierigkeiten hinzu, stehen beide Seiten oft vor größeren Problemen.

> Oftmals können Arzthelfer/-innen oder medizinische Fachangestellte mit Migrationshintergrund an diesem Punkt ihre interkulturellen Kompetenzen einsetzen. Neben der Übersetzung des Arzt-Patienten-Gesprächs können sie auf die kulturellen Besonderheiten eingehen oder den Arzt darauf hinweisen. Zudem fassen Patienten und Patientinnen mit Migrationshintergrund schneller Vertrauen zu jemandem, der aus dem gleichen oder einem ähnlichen Kulturkreis stammt. Auch die Scheu, Deutsch zu sprechen, ist dann kleiner. Gleiches gilt für die Angst, nicht ernst genommen, missverstanden oder gar ausgelacht zu werden.
>
> Für die Ärzte ergeben sich so zwei Vorteile: Neben einem problemloseren Umgang mit den Patienten können sie möglicherweise ihren Patientenkreis erweitern. Zudem nehmen ihnen die Mitarbeiter/-innen einen Teil der Arbeit ab, indem sie zum Beispiel die Einnahme von Medikamenten erklären oder Details zum Gesundheitssystem erläutern.

Die speziellen Fähigkeiten von Bewerberinnen und Bewerbern mit Migrationshintergrund nehmen viele Arbeitgeber nur unbewusst wahr. Daher darf im Anschreiben ruhig darauf hingewiesen werden. Das gilt für alle Berufe, bei denen interkulturelle Kompetenzen bedeutsam sind und eingesetzt werden können. Doch Vorsicht: Wer einen Migrationshintergrund hat, kann für sich nicht automatisch interkulturelle Kompetenzen verbuchen. Deshalb ist es immer sinnvoll, diese mit einem Beispiel zu belegen.

BEISPIEL: ARZTHELFER/-IN: INTERKULTURELLE KOMPETENZ IM ANSCHREIBEN

> (...) Während meines Berufspraktikums in der Arztpraxis von Frau Dr. Hagers habe ich nicht nur den Tages- und Arbeitsablauf kennengelernt, ich konnte mich auch mit meinen Sprachkenntnissen bei der Behandlung türkischer Patientinnen einbringen (...)

In einigen Berufen spielen diese Fähigkeiten keine oder nur eine untergeordnete Rolle. In solchen Fällen könnte es unangebracht sein, die interkulturellen Kompetenzen anzuführen. Das wirkt leicht konstruiert und zeugt schlechtestenfalls davon, dass man die Situation nicht einschätzen kann.

Gehen Sie die Extrameile, um sich von der Masse abzuheben

Theoretisch kann jeder, der einen Ausbildungsplatz sucht, etwas tun, um sich vom Rest der Bewerber abzuheben. Aber es gibt nur wenige, die dazu wirklich bereit oder in der Lage sind. Wer die Extrameile gehen möchte, kann das tun, indem sie/er beispielsweise

- ein weiteres freiwilliges Berufspraktikum absolviert,
- Ferienjobs oder Aushilfstätigkeiten findet, die sie/ihn auch beruflich gesehen voranbringen, oder
- sich für Probearbeitstage anbietet.

Auch soziales Engagement oder Soziales in der Freizeit kommt bei Arbeitgebern gut an. Da solche Aktivitäten heute nicht mehr so weit verbreitet sind, belegen sie ebenfalls eine Extrameile. Und: Sie können dadurch ein paar Soft Skills unter Beweis stellen, zum Beispiel Hilfsbereitschaft, Verantwortungsbewusstsein und Motivation.

Berufspraktikum

Ein Berufspraktikum (ob verpflichtend in der Schule oder freiwillig) ermöglicht den Einblick in eine bestimmte Berufswelt und hilft bei der eigenen Berufswahl. Zudem können die Praktikantinnen und Praktikanten ihre fachspezifischen Qualitäten und Sprachkenntnisse beweisen. Und auch der Arbeitgeber sieht gleich, ob er es mit einem motivierten Jugendlichen zu tun hat oder nicht.

Ein Berufspraktikum ist hervorragend geeignet, um erste Kontakte zu einem potenziellen Arbeitgeber aufzubauen. Selbst wenn es dort nicht mit der Ausbildungsstelle klappt: Wer sich engagiert, einbringt und während des Praktikums einen guten Eindruck hinterlässt, bekommt vielleicht nicht nur ein gutes Zeugnis, sondern auch eine Empfehlung für einen anderen Ausbildungsbetrieb. Verbindungen aufbauen und Networking – das kann immer hilfreich sein.

Wichtig ist, dass Sie sich darum kümmern, nach einem Berufspraktikum ein Zeugnis oder zumindest eine Bewertung vom Arbeitgeber zu erhalten. Ansonsten ist das Berufspraktikum nicht belegbar und damit deutlich weniger wert. Allerdings stellen die meisten Arbeitgeber für Praktikanten nur ungern Zeugnisse aus, denn das kostet Zeit. Da sind Arbeitgeber oder Vorgesetzte froh, wenn man ihnen die Arbeit abnimmt, zum Beispiel, indem man ihnen einen Bewertungsfragebogen gibt. Mit einem Punktesystem werden darin die Leistungen von Praktikanten oder Mitarbeitern bewertet. Dem Arbeitgeber bleibt somit erspart, ausführliche Zeugnisse schreiben zu müssen, und der neue potenzielle Arbeitgeber kann die Leistungen des Bewerbers auf einen Blick erfassen.

NUTZEN SIE DEN BEWERTUNGSBOGEN IM INTERNET

Sie haben im Rahmen eines Pflichtpraktikums keinen solchen Bewertungsbogen von Ihrer Schule oder von der jeweiligen Bildungseinrichtung bekommen? Dann nutzen Sie das Angebot unter www.bewerben-mit-migrationshintergrund.de, hier finden Sie Bewertungsbögen zum Ausdrucken. Sie können sie nach einem Praktikum, Ferien- oder Aushilfsjob der Person geben, die für Sie zuständig ist beziehungsweise war.

Ferienjobs und Aushilfstätigkeiten

Im Prinzip gelten für Ferienjobs und Aushilfstätigkeiten die gleichen Kriterien wie für Berufspraktika. Allerdings kommt hier noch eine Komponente hinzu. Während Berufspraktika in der Regel auf ein bis drei Wochen beschränkt sind, dauern Ferienjobs, vor allem aber langfristige Aushilfstätigkeiten, über einen längeren Zeitraum an.

Wenn Sie nicht zu häufig Jobs schnell wieder aufgeben, sondern länger dranbleiben, kann Ihnen das einen großen Vorsprung sichern. Denn dann können Sie ein paar weitere Soft Skills in Ihren Bewerbungsunterlagen platzieren, je nach Aufgaben zum Beispiel diese:

- Durchhaltevermögen
- Eigenverantwortung
- Motivation
- Belastbarkeit
- Ausdauer
- Leistungsbereitschaft
- Zielorientierung
- Zeitmanagement (Schule, Prüfungen, Freizeit und Nebenjob müssen in Einklang gebracht werden)

Soziales Engagement

Wie schon erwähnt: Viele Arbeitgeber verbuchen soziales Engagement positiv, wenn sie Bewerber bewerten. Dafür kommen beispielsweise folgende Tätigkeiten infrage:

- Jugendgruppenleiter in Vereinen
- Vereinsarbeit allgemein, zum Beispiel in der Funktion als Schriftführer oder Ballwart
- Dolmetscherdienste für Familienmitglieder oder Nachbarn
- Behördengänge für Familienmitglieder oder Nachbarn
- Nachhilfe für Nachbarskinder oder die eigenen Geschwister und andere Verwandte

- Engagement in der Nachbarschaftshilfe, zum Beispiel Botengänge oder Erledigung von Schriftverkehr für ältere Nachbarn, Babysitten, Hundesitten, Rasenmähen
- Streitschlichter in Schule oder Verein
- Aktivitäten bei Hilfsorganisationen, beispielsweise beim Technischen Hilfswerk (THW), beim Deutschen Roten Kreuz (DRK) oder bei der Freiwilligen Feuerwehr
- Beteiligung an Sammelaktionen von gemeinnützigen Vereinen und sozialen Einrichtungen, zum Beispiel Altkleidersammlung, Waldreinigung, Spendensammeln
- Ehrenämter allgemein
- Politisches Engagement (Partei nur nennen, wenn dies für die Ausbildung relevant ist!)
- Schulisches Engagement, zum Beispiel als Klassensprecher, Stufensprecher, Schülersprecher, Mitarbeiter bei der Schülerzeitung, Organisationsleiter des Sommerfestes oder Leiter der Theatergruppe

Es ist nie zu spät, mit sozialem Engagement zu beginnen. Ein Ehrenamt zeugt davon, dass man sich in die Gesellschaft integriert, sich einbringt und engagiert. Das wiederum spricht dafür, dass die Soft Skills Verantwortungsgefühl und Hilfsbereitschaft vorhanden sind.

❗ SCHREIBEN SIE NUR, WAS WAHR IST

Es kommt in der Praxis vor, dass Bewerber ein bestimmtes Engagement angeben, aber gar nicht leisten. Bauen Sie bitte nur das ein, was Sie auch tun. Nicht zuletzt, weil man nie weiß, wo sich beispielsweise der Arbeitgeber in seiner Freizeit engagiert oder bei wem er nachfragen könnte. Ein Kontrollanruf endet eher peinlich, wenn der betreffende Bewerber in der Nachbarschaftshilfe noch nie gesehen wurde und man ihn dort gar nicht kennt.

Die eigene Integration belegen

Zu belegen, dass man sich in eine Gesellschaft integriert hat – das erscheint auf den ersten Blick gar nicht so einfach. Doch die Integration ist wie ein Puzzle, sie setzt sich aus vielen kleinen Teilen zusammen. Ein Teil sind Freizeitaktivitäten, die man mit anderen zusammen beziehungsweise in organisierten Gruppen wie Vereinen, Verbänden oder Organisationen gestaltet. Wer im örtlichen Sportverein, der Freiwilligen Feuerwehr oder der Nachbarschaftshilfe aktiv ist, erscheint integrierter als jemand, der jeden Kontakt zur hiesigen Gesellschaft vermeidet. Deshalb ist es sinnvoll, die eigenen Freizeitaktivitäten in den Lebenslauf und gegebenenfalls auch in das Anschreiben einzubauen.

Wie man Hürden überwindet und Vorurteile aushebelt

Vorurteile gegenüber Bewerberinnen und Bewerbern mit Migrationshintergrund erschweren ihnen oftmals die erfolgreiche Suche nach einer Ausbildungsstelle. Während in einem persönlichen Gespräch schnell der Beweis erbracht ist, dass man die deutsche Sprache beherrscht, sind andere Vorurteile und Hürden doch wesentlich schwieriger zu entkräften oder auszuhebeln.

Minderjährige Bewerber/-innen

Ein Vorurteil gegenüber Bewerbern mit Migrationshintergrund ist die generelle Annahme, dass sie in einer besonderen Abhängigkeit zu ihren Eltern stehen und keine Entscheidungen alleine, geschweige denn alleinverantwortlich treffen können. Einige Arbeitgeber gehen davon aus, dass vor allem minderjährige Bewerberinnen mit Migrationshintergrund sich möglicherweise gegen den Willen der Eltern bewerben, dem Druck der Eltern später nicht standhalten können und die Ausbildung frühzeitig beenden. Solche Fälle gibt es, aber das sind Ausnahmen.

Damit Gedanken dieser Art beim potenziellen Arbeitgeber gar nicht erst aufkommen, können minderjährige Bewerber/-innen mit Migrationshintergrund ihrer Bewerbung eine Zustimmungserklärung der Eltern beilegen. Solch eine Erklärung kann formlos sein, ein einfaches Schreiben genügt. Gegebenenfalls können die Eltern ausdrücklich darauf hinweisen, dass sie die Berufswahl der Tochter oder des Sohnes unterstützen und sich als Gesprächspartner anbieten, falls einmal Probleme auftreten sollten. Ein Muster für ein solches Schreiben finden Sie im Internet unter www.bewerben-mit-migrationshintergrund.de.

Volljährige Bewerber sollten dagegen auf derartige Zustimmungserklärungen verzichten, meint Nicole Schmohl, Berufsberaterin der Bundesagentur für Arbeit. Bei ihnen erwecke ein solches Schreiben erst recht den Eindruck, der Bewerber oder die Bewerberin stehe unter dem Druck und unter dem Einfluss des Elternhauses. So könne leicht der Gedanke aufkommen, er oder sie sei nicht selbstständig und frei in seinen beziehungsweise in ihren Entscheidungen.

Ähnliches gelte auch für Vorstellungsgespräche. Während es generell positiv gesehen werde, wenn Bewerber (ohne Migrationshintergrund) von ihren Eltern zum Vorstellungstermin gebracht werden, entstehe bei Bewerbern mit Migrationshintergrund der schon zuvor dargestellte Eindruck von Unselbstständigkeit.

Kopftuch

Mittelständische Unternehmen und Großkonzerne beteuern auf Nachfrage einstimmig, Bewerberinnen mit Kopftuch würden bei ihnen nicht benachteiligt – allein die Qualifikationen zählten. Viele kleinere Unternehmen hingegen raten Bewerberinnen mit Migrationshintergrund klar und deutlich, sich auf keinen Fall mit Kopftuch zu bewerben. Wer dennoch nicht auf das Kopftuch verzichten kann und will, wird bei Bewerbungen „immer Probleme haben", stellt Renate Wagner klar, Berufsberaterin der Bundesagentur für Arbeit. Das gelte nicht nur für deutsche Arbeitgeber, ergänzt ihre norddeutsche Kollegin Nicole Schmohl. Bewerberinnen mit Kopftuch kommen auch bei muslimischen Arbeitgebern nicht immer gut an.

Für viele Arbeitgeber ist das Kopftuch ein Symbol der Unterdrückung. Daher betrachten sie die Bewerberinnen, die ein Kopftuch tragen, als Frauen, die in ihren Entscheidungen nicht frei sind und sich gegebenenfalls dem Willen der Familie beugen müssen. Die Arbeitgeber fürchten – bewusst oder auch unbewusst –, dass die Auszubildenden zwangsverheiratet werden und die Ausbildung abbrechen könnten. Aus diesem Grund empfiehlt auch Hasan Altun, Migrationsbeauftragter der Bundesagentur für Arbeit, sich immer ohne Kopftuch zu bewerben. Das Kopftuch könne privat getragen werden, jedoch sollte man „Bewerbung und Ausbildung immer ohne Kopftuch absolvieren". Mit einer Ausbildung in der Tasche könne man dann weitersehen.

Bewerberinnen, die sich trotzdem mit Kopftuch bewerben möchten, empfiehlt er, sich gegebenenfalls nach einer Ausbildungsstelle im Gesundheitswesen umzusehen, falls die übrigen Bewerbungen nicht zum gewünschten Ziel führen. Insbesondere im Gesundheitswesen gebe es einerseits einen erheblichen Bewerbermangel, andererseits könnten türkische beziehungsweise muslimische Ärzte, vor allem Frauenärzte, möglicherweise eine gute Alternative sein.

Fehlende Schulabschlüsse, fehlende Deutschkenntnisse

Viele Jugendliche mit Migrationshintergrund verlassen die Schule mit einem schlechten Hauptschulabschluss oder gar, ohne einen qualifizierenden Abschluss erreicht zu haben. Die Suche nach einem Ausbildungsplatz bleibt dann meist erfolglos. Einen Ausweg aus dieser Situation bieten beispielsweise das Berufsvorbereitungsjahr oder das Berufsgrundbildungsjahr. Beide bereiten die Jugendlichen auf eine Ausbildung vor und erleichtern den Einstieg.

Das Berufsvorbereitungsjahr, das auch Jugendliche mit einem schlechten Hauptschulabschluss oder mit mangelnden Deutschkenntnissen absolvieren können, ähnelt einem weiteren Jahr an der Schule. Es ist aber mit praktischen Einheiten verbunden, zum Beispiel einem Berufspraktikum in einem Betrieb. Am Ende kann man den Hauptschulabschluss nachholen oder verbessern und hat gegebenenfalls seine Deutschkenntnisse durch gezielte Förderung erheblich gestärkt. Und wer beim Berufspraktikum einen guten Eindruck hinterlässt, hat eventuell schon eine Ausbildungsstelle in der Tasche. Das Berufsvorbereitungsjahr gibt es in folgenden Bereichen:

- Wirtschaft und Verwaltung
- Elektrotechnik
- Handel und Verkauf

- Metall
- Hauswirtschaft
- Körperpflege
- Holz
- Gastronomie

Das Berufsgrundbildungsjahr ähnelt dem Berufsvorbereitungsjahr, es entspricht aber einem ersten Ausbildungsjahr und kann in der Regel später auf die Ausbildungszeit angerechnet werden.

Ansprechpartner für alle, die ein Berufsvorbereitungsjahr oder ein Berufsgrundbildungsjahr absolvieren wollen, sind die Berufsberater bei den lokalen Agenturen für Arbeit.

Wo suche ich eine Ausbildungsstelle?

Haben Sie sich erst einmal für einen Beruf oder ein Berufsfeld entschieden, beginnt die eigentliche Suche nach einem freien Ausbildungsplatz. Hier gibt es zahlreiche Ansatzmöglichkeiten:

- Achten Sie auf klassische Stellenanzeigen in den örtlichen Zeitungen.
- Jobportale im Internet, es gibt auch Portale speziell für Bewerber mit Migrationshintergrund.
- Immer mehr Unternehmen präsentieren sich in den klassischen Social-Network- und Social-Media-Portalen, zum Beispiel Xing oder Facebook, und informieren über freie Ausbildungs- oder Praktikumsplätze.
- Das Telefonbuch (im Internet oder die „Gelben Seiten") gibt Ihnen eine Übersicht darüber, welche Unternehmen in Ihrer Nähe möglicherweise Ausbildungsplätze anbieten.
- Verbands- und Organisationsseiten im Internet, zum Beispiel der Handwerkskammer, Industrie- und Handelskammern oder von Innungen.
- Unternehmensseiten im Internet: vom Bäcker bis zum Großkonzern.
- Jobmessen, Fachmessen, darunter zum Beispiel Systems, Medientage, Handwerksmessen und Ausstellungen.
- Und nicht zuletzt die Bundesagentur für Arbeit: Die Mitarbeiter sind auch Ansprechpartner für viele Firmenprogramme und -projekte für Bewerber mit Migrationshintergrund (siehe Anhang).

HALTEN SIE DIE OHREN OFFEN

Wer einen Ausbildungsplatz sucht, sollte ein offenes Ohr haben. Manche Stellen werden nicht ausgeschrieben, sondern sind nur über Mundpropaganda oder Beziehungen und Kontakte zu bekommen. Erzählen Sie beim Einkaufen, bei Freunden und Verwandten, dass Sie auf der Suche und offen für Hinweise sind.

Ausbildungsplatzsuche über Social Networks

Die klassischen Stellenanzeigen in den Tageszeitungen und Stellenportale im Internet gibt es immer noch, aber sie haben mächtig Konkurrenz bekommen. Im Zeitalter der Social Media wird heute vermehrt über soziale Netzwerke und Plattformen wie Facebook, Xing oder Twitter gesucht.

Facebook

Immer mehr Unternehmen entdecken Facebook für sich. Sie nutzen es nicht nur als Newsticker oder Werbeplattform, um neue Kunden zu gewinnen, sondern auch, um gezielt Stellenausschreibungen zu platzieren. Zudem finden Interessenten und Bewerber nützliche und hilfreiche Informationen über Bewerbungsverfahren, Ausbildungs- und Karrieremöglichkeiten. Im Gegensatz zu den offiziellen Firmenseiten sind die Angaben auf den Facebook-Seiten tagesaktuell. Die Unternehmen versuchen mit allerlei Social-Media-Aktionen darüber hinaus einen persönlichen Bezug zu den Usern aufzubauen. Facebook-Unternehmensseiten mit Job- und Karriereinformationen unterhalten zum Beispiel die folgenden Unternehmen:

- Allianz A-Team Azubis
- Karriere bei Audi
- BASF Karriere: allerlei Informationen rund um Praktika, Ausbildung und Karriere bei BASF
- Bayer Karriere
- BMW Karriere: Informationen über Praktika, Ausbildungsplätze, offene Stellen, Karriereplanung; zudem Interviews mit Mitarbeitern und Azubis, Veranstaltungsankündigungen rund um den Job; das BMW-Facebook-Team beantwortet Fragen rund um Job und Karriere
- DBKarriere
- Deichmann Karriere
- Fraport Jobs & Karriere

- Karstadt Karriere: Auf der Pinnwand finden sich zahlreiche Infos rund um die Karrieremöglichkeiten und die dazugehörigen Veranstaltungen. Ein spezieller Reiter zeigt alle offenen Jobs im Unternehmen.
- Otto Group Karriere
- RWE Group Karriere
- Telekom Karriere

Diese Unternehmen sind nur Beispiele, auch viele andere sind bei Facebook vertreten. Geben Sie einfach den Namen des gewünschten Unternehmens und die Schlagwörter „Jobs" oder „Karriere" bei Facebook ein.

Facebook- und Twitter-Jobseiten

Inzwischen gibt es zahlreiche Jobbörsen bei Facebook oder Twitter. Sie sind teilweise nach Branchen, Orten oder Art der Anstellung (Ausbildung, Festanstellung, Ferienjobs) gegliedert. Auf manchen dieser Seiten kann man auch selbst ein Gesuch platzieren.

Xing

Auf Xing stellen viele Unternehmen ausführliche Stellenausschreibungen ein, darunter auch Ausbildungsplatzangebote. Ein wenig Surfen kann sich daher immer lohnen. Die Anmeldung bei Xing ist zwar kostenlos, allerdings hat man dann nicht unbedingt Zugang zu allen Informationen und Angeboten. Dies ist nur mit einer kostenpflichtigen Premium-Mitgliedschaft möglich. Da der erste Monat der Premium-Mitgliedschaft in der Regel kostenlos ist, könnte man diesen Zeitraum verstärkt für die Recherche nutzen.

MACHEN SIE SICH BEMERKBAR

Posten Sie bei Facebook oder Twitter von Zeit zu Zeit, dass Sie auf der Suche nach einer Ausbildungsstelle und offen für jeden Tipp sind.

Wie erstelle ich eine komplette Bewerbung?

Die Bewerbungsmappe ist wie eine Visitenkarte, ein Flyer oder auch eine Pinnwand-Seite bei Facebook. Wenn ein Leser interessante Informationen bekommt, möchte er mehr erfahren und nimmt Kontakt auf. Wer mit seiner Bewerbungsmappe überzeugt, darf mit einer positiven Rückmeldung der Arbeitgeber rechnen. Das trifft natürlich auch für Bewerber mit Migrationshintergrund zu. Selbstverständlich gelten offiziell für alle die gleichen Regeln, egal, ob der Bewerber nun einen Migrationshintergrund hat oder nicht. Einen Unterschied gibt es allerdings dennoch: Bewerber mit Migrationshintergrund müssen oft noch einen Tick sorgfältiger arbeiten und ein paar Informationen mehr in ihre Bewerbungsunterlagen packen, um sich durchzusetzen. Sie müssen stärker auf Rechtschreibung und Grammatik achten, aber auch versuchen, Vorurteile seitens der Arbeitgeber bereits im Vorfeld zu entkräften.

Vor allem Rechtschreib- und Grammatikfehler werden den Bewerbern mit Migrationshintergrund nicht so einfach nachgesehen. Während anderen im Zweifelsfall Flüchtigkeitsfehler unterstellt werden, vermutet man bei Bewerbern mit Migrationshintergrund mangelnde Sprachkenntnisse.

LASSEN SIE IHRE BEWERBUNGSUNTERLAGEN IMMER GEGENLESEN ❗ACHTUNG

Lassen Sie Ihre Unterlagen – unabhängig von Ihren eigenen sprachlichen Fähigkeiten – auf jeden Fall von ein bis zwei Personen gegenlesen, die fit in der deutschen Rechtschreibung und Grammatik sind. Dies kann zum Beispiel ein Lehrer, ein guter Nachbar, aber auch der Berufsberater bei der örtlichen Agentur für Arbeit sein. Im Internet gibt es auch einige Angebote für das Korrekturlesen, doch hier ist Vorsicht geboten: Sie sind meist kostenpflichtig oder automatisiert und daher für Bewerbungen oder überhaupt für längere Texte nicht geeignet. Die Schreibung einzelner Wörter lässt sich dort problemlos überprüfen. Eine Ausnahme stellt zum Beispiel der „Bewerbungsleser" dar. Hier schauen Profis persönlich über die Bewerbungsunterlagen.

> **DIE BEWERBUNGSLESER**
>
> Unter www.bewerbungsleser.de können benachteiligte und unsichere Jugendliche kostenlos ihre Bewerbungsunterlagen auf Rechtschreib- und Grammatikfehler hin prüfen lassen. In den meisten Fällen gibt es zusätzlich eine kurze Einschätzung und ein paar Verbesserungsvorschläge. Allerdings sollten die Bewerbungsunterlagen frühzeitig per E-Mail verschickt werden, da bei vielen Anfragen zur gleichen Zeit die Bearbeitung der Unterlagen auch einmal länger als eine Woche dauern kann.

Selbst bei einer fehlerfreien Bewerbung geht der Arbeitgeber nicht automatisch davon aus, dass ein Bewerber mit Migrationshintergrund fließend Deutsch spricht. Führen Sie daher im Abschnitt „Sprachen" im Lebenslauf auch die deutsche Sprache auf. Damit der Leser eine Vorstellung davon bekommt, wie gut Ihre Kenntnisse in etwa sind, sollten Sie diese einschätzen. Möglich sind hier Qualifizierungen von Alltagssprache über fließend, sehr gut bis hin zu Grundkenntnissen (siehe auch Seite 22).

Doch woraus besteht eine gelungene und vollständige Bewerbung? Die Bewerbungsmappe ist wie ein Mosaik. Mehrere Einzelteile ergeben ein vollständiges Bild vom Bewerber. Die einzelnen Bausteine sind:

- Anschreiben

- Lebenslauf

- Zeugnisse und Zertifikate in Kopie, niemals als Original (die Originale bleiben bei Ihnen, damit sie nicht verlorengehen)

- Weitere mögliche Elemente sind: Deckblatt, Dritte Seite, Referenzen und gegebenenfalls Arbeitsproben

Die Unterlagen fassen Sie am besten in einem Schnellhefter mit Seitenklemme zusammen, damit können Personalentscheider am leichtesten arbeiten. Verzichten Sie dabei auf Klarsichthüllen. Diese schützen zwar Ihre

Unterlagen, sind in der Handhabung für den Leser aber umständlich und daher nicht willkommen. Da Sie ja Kopien Ihrer Dokumente verschicken, müssen die Unterlagen auch nicht in diesem Maß geschützt werden.

Für Online-Bewerbungen, die inzwischen bei vielen Unternehmen möglich sind, verschicken Sie Ihre Bewerbungsunterlagen per E-Mail. Es empfiehlt sich, diese als pdf-Anhang zu verschicken, damit sie unverändert beim Empfänger ankommen und leicht zu öffnen sind.

Das Deckblatt

Immer mehr Bewerber verwenden Deckblätter, um das äußere Erscheinungsbild ihrer Bewerbung abzurunden. Das ist in Ordnung und schlicht Geschmackssache. Ein Deckblatt beinhaltet in der Regel Folgendes:

- Ein Foto, das inzwischen gerne etwas größer und auch im Querformat gehalten sein darf; es wird meistens etwas oberhalb der Seitenmitte bei den persönlichen Angaben platziert

- Ihre persönlichen Angaben, darunter Name, Anschrift sowie Kontaktdaten wie Telefonnummer und E-Mail-Adresse

- Den Namen des Unternehmens, bei dem Sie sich bewerben

- Die konkrete Ausbildungsbezeichnung der Lehrstelle, um die Sie sich bewerben

Achten Sie darauf, dass das Deckblatt ansprechend gestaltet, aber nicht überladen ist.

Das Bewerbungsfoto

Ein Foto ist bei Bewerbungen heutzutage nicht mehr zwingend erforderlich. Doch es hinterlässt oft einen schlechten Beigeschmack, wenn Sie kein Bild beifügen. Personalentscheider werden in solchen Fällen meist misstrauisch und gehen eher davon aus, dass der Bewerber etwas zu verbergen hat. Wenn Sie Ihrer Bewerbung kein Deckblatt hinzufügen möchten, platzieren Sie das Bild auf der rechten Seite Ihres Lebenslaufs im oberen Drittel (siehe die Bewerbungsmuster ab Seite 57). Darauf sollten Sie achten:

- Kleiden Sie sich so, wie es der Ausbildungsstelle angemessen ist, wenn Sie zum Fotografen gehen. In der Regel macht man mit einer weißen Bluse beziehungsweise einem weißen Hemd nichts falsch, wenn man sich um eine Lehrstelle bewirbt. Geht es um einen kaufmännisch geprägten Ausbildungsplatz, können Sie sich mit Blazer beziehungsweise Sakko und Krawatte präsentieren.

- Ihre Haare sollten ordentlich aussehen. Ungepflegtes Haar oder zu auffällige Haarschnitte, zum Beispiel ein Irokese, kommen meist nicht so gut an.

- Schauen Sie freundlich, wenn Sie sich fotografieren lassen, und lächeln Sie ein wenig. Lassen Sie die Schultern nicht hängen!

Gehen Sie auf jeden Fall zu einem Profifotografen. Der kann Sie ins richtige Licht setzen und achtet darauf, dass Sie gut rüberkommen. Insgesamt kostet das zwar etwas mehr als Bilder aus dem Automaten, doch angesichts der Ergebnisse lohnt sich das. Inzwischen ist es üblich, das Bewerbungsfoto zu digitalisieren und es direkt in den Lebenslauf oder das Deckblatt einzusetzen. Je mehr Bewerbungen man schreibt, umso günstiger ist diese Lösung, auch wenn man für die digitale Version des Bewerbungsfotos erst einmal zusätzlich in die Tasche greifen muss.

> **! ACHTUNG BEWERBUNGSFOTO: AM BESTEN OHNE KOPFTUCH**
>
> Die Berufsberater sind sich einig: Bewerberinnen mit Migrationshintergrund sollten auf dem Bewerbungsfoto möglichst kein Kopftuch tragen. Wer diesen Rat nicht befolgt, nimmt in Kauf, möglicherweise nicht in die engere Wahl zu kommen – selbst wenn diese Diskriminierung rechtlich nicht zulässig ist.

Das Anschreiben

Ein wesentlicher Bestandteil der Bewerbung ist das Anschreiben, der Bewerber kann sich darin abseits der Fakten im Lebenslauf präsentieren. Doch Vorsicht, in der Regel ist das Anschreiben das Erste, was der Empfänger von Ihnen sieht beziehungsweise liest. Ein gelungener Einstieg ist deshalb Pflicht! Beispiele für gelungene Anschreiben und Lebensläufe finden Sie ab Seite 57 bei den Bewerbungsmustern. Nehmen Sie sich auf jeden Fall Zeit und arbeiten Sie Ihre Anschreiben sorgfältig aus.

- Verfassen Sie keine Serienbriefe, auch wenn das verlockend ist – vor allem dann nicht, wenn Sie sich auf ausgeschriebene und beschriebene Stellen bewerben wollen. Beziehen Sie sich auf den Inhalt der Stellenbeschreibung, denn dann erkennt der Leser, dass Sie es ernst meinen und sich Zeit genommen haben.

- Schreiben Sie direkt den jeweiligen Empfänger an – notfalls rufen Sie kurz im Unternehmen an und fragen nach, an wen Sie die Bewerbung schicken sollen. Das gilt vor allem für größere Unternehmen, hier ist fast immer die Personalabteilung für derartige Fragen zuständig. In ausgeschriebenen Stellen wird meistens ein Ansprechpartner genannt. Achten Sie darauf, dass Sie die Namen richtig schreiben und Ihre Ansprechpartner nicht vertauschen. Das kommt öfter vor, als man glaubt!

Bemühen Sie sich darum, den Leser durch Ihr Anschreiben zu führen. Machen Sie ihm das Lesen so leicht wie möglich. Achten Sie darauf, dass Sie Absätze einfügen und nicht zu lange Sätze formulieren. Wichtig ist auch, dass es Ihnen gelingt, einen roten Faden durch Ihr Anschreiben zu ziehen.

Was muss alles in ein Anschreiben hinein?

- Ein Briefkopf mit Ihrem Namen und Ihren Kontaktdaten (Anschrift, Telefon- und/oder Handynummer, E-Mail-Adresse). Falls Sie ein Deckblatt verwenden, gehören Ihr Name und Ihre Kontaktdaten sowie das Bewerbungsfoto auf das Deckblatt.

- Adresse und Ansprechpartner des Unternehmens, bei dem Sie sich bewerben (Firmenname, Ansprechpartner, Adresse)
- Ort und Datum (rechtsbündig)
- Betreffzeile (fett gedruckt)
- Direkte Ansprache (Sehr geehrter Herr Müller,)
- Text des Bewerbungsschreibens, beginnend mit einem treffenden, aussagekräftigen Eingangssatz, der Interesse beim Leser weckt
- Abschließender Satz (Über eine Einladung zu einem Vorstellungsgespräch würde ich mich sehr freuen.)
- Mit freundlichen Grüßen
- Unterschrift am Ende nicht vergessen
- Hinweis auf die Anlagen (zum Beispiel Lebenslauf, Zeugnisse)

> **! ACHTUNG** **DAS ANSCHREIBEN SOLLTE NICHT LÄNGER ALS EINE SEITE SEIN**
>
> Achten Sie darauf, dass Sie kurz und prägnant schreiben und nicht abschweifen. Ihr Anschreiben sollte auf keinen Fall länger als eine Seite sein, konzentrieren Sie sich also auf das Notwendigste und kürzen Sie notfalls. Wer ein Anschreiben versendet, das länger als eine Seite ist, läuft Gefahr, als jemand zu gelten, der sich nicht auf das Wesentliche beschränken oder Wichtiges nicht von Unwichtigem unterscheiden kann.

Inhaltlich sollte Ihr Anschreiben folgende Fragen beantworten:

- Warum möchten Sie diesen Beruf ergreifen?
- Warum sind Sie für diesen Beruf geeignet?

Das Anschreiben

- Warum wollen Sie Ihre Ausbildung gerade in dem angeschriebenen Unternehmen absolvieren?
- Welche Kenntnisse und Erfahrungen, zum Beispiel aus Praktika oder Ferienjobs, bringen Sie mit?
- Welchen Mehrwert bringen Sie dem Unternehmen? Warum also sollte man gerade Sie als Auszubildende/-n einstellen?

Bauen Sie – wenn möglich – Ihre zusätzlichen Sprachkenntnisse und Ihre interkulturellen Kompetenzen ins Anschreiben ein und weisen Sie anhand eines Beispiels aus Ihrem Alltag nach, dass Sie diese Fähigkeiten tatsächlich besitzen.

Der Einstieg ins Anschreiben ist für die Bewerber meist nicht einfach – ganz gleich ob sie sich nun für eine Ausbildungsstelle oder einen Posten als Abteilungsleiter bewerben. Wenn man bereits Kontakt mit der Personalabteilung oder dem potenziellen Chef hatte, so kann man darauf Bezug nehmen. Falls nicht, besteht die Möglichkeit – gerade bei einer Bewerbung um eine Lehrstelle – mit den eigenen Interessen, Qualifikationen, Fähigkeiten oder Erfahrungen zu beginnen, die in Bezug zur Berufswahl stehen.

EINSTIEG INS ANSCHREIBEN MIT DEN EIGENEN INTERESSEN

Sehr geehrter Herr Müller,

Maschinen haben mich schon immer fasziniert. Bereits als Kind habe ich allerlei Geräte auseinander- und wieder zusammengebaut, um zu sehen, wie sie konstruiert sind und funktionieren. In der Schule entdeckte ich dann mein Interesse an Physik und Elektronik. Meine Entscheidung, diese Interessen auch zu meinem Beruf zu machen, stand schnell fest.

Eine Ausbildung als Mechatroniker erscheint mir daher als der richtige Weg in meine berufliche Zukunft, zumal ich bei einem Berufspraktikum schon in den Alltag eines Mechatronikers „hineinschnuppern" durfte (...)

BEISPIEL **EINSTIEG INS ANSCHREIBEN NACH EINEM ERSTEN TELEFONAT**

Sehr geehrter Herr Müller,

vielen Dank für das freundliche und informative Telefonat. Ihre Ausführungen über eine Ausbildung in Ihrem Betrieb zum Mechatroniker haben mich davon überzeugt, dass ich die richtige Berufswahl getroffen habe und ich meine Ausbildung gerne in Ihrem Betrieb absolvieren möchte (…)

BEISPIEL **EINSTIEG INS ANSCHREIBEN NACH EINEM PERSÖNLICHEN KONTAKT**

Sehr geehrter Herr Schmidt,

vielen Dank, dass Sie sich gestern in Ihrem Geschäft Zeit für mich genommen haben und mich durch Ihren Salon geführt haben. Ich weiß schon seit Langem, dass ich Friseurin werden möchte. Die angenehme Atmosphäre und der freundliche Umgang mit Kunden sowie mit Mitarbeitern in Ihrem Salon haben mich umso mehr fasziniert und mich darin bestärkt, dass ich meine Ausbildung gerne in Ihrem Betrieb machen möchte (…)

Der Lebenslauf

Der Lebenslauf verrät, was ein Bewerber bislang in seinem Leben geleistet hat. Die meisten Posten zielen auf den schulischen und beruflichen Werdegang hin, doch um Ihr Profil abzurunden, können Sie beispielsweise auch Hobbys und andere Aktivitäten einbauen. Der Lebenslauf setzt sich aus mehreren Blöcken zusammen, die in sich geschlossen sind.

- Persönliche Daten
- Schulbildung
- Praktika, Ferienjobs und andere Nebentätigkeiten
- IT-/Computerkenntnisse

- Sprachkenntnisse
- Gegebenenfalls Auslandsaufenthalte
- Außerschulische Aktivitäten beziehungsweise Engagement
- Hobbys

Persönliche Daten

Überprüfen Sie immer, ob alle notwendigen Angaben enthalten sind.

- Name und Anschrift,
- Telefon- und/oder Handynummer, E-Mail-Adresse
- Geburtstag und -ort
- Familienstand (ledig, verheiratet, geschieden, gegebenenfalls Kinder)
- Gegebenenfalls Eltern (Name, Beruf), Geschwister (gegebenenfalls Alter)
- Nationalität (gegebenenfalls Arbeitsgenehmigung anführen)
- Konfession (nur bei Bewerbungen in entsprechenden Bereichen)
- Parteizugehörigkeit (nur bei Bewerbungen in entsprechenden Bereichen)

ZUM THEMA ARBEITS-/AUFENTHALTSERLAUBNIS ACHTUNG

Falls Ihre Nationalität nicht deutsch oder die eines EU-Landes ist, kann es sinnvoll sein hinzuzufügen, dass Sie über eine Arbeits- beziehungsweise Aufenthaltserlaubnis verfügen, rät Nicole Schmohl, Berufsberaterin der Bundesagentur für Arbeit. Das mag sich im ersten Moment überflüssig anhören, vor allem, wenn Sie in Deutschland geboren sind und hier zur Schule gehen. Der Arbeitgeber müsse sich dann aber darüber keinen Kopf mehr machen und auch nicht bei Ihnen nachfragen, erklärt Nicole Schmohl. Unklarheiten bedeuten mehr Arbeit und das können Sie dem Personalverantwortlichen ersparen.

Gerade bei Bewerbern mit Migrationshintergrund können manche Arbeitgeber anhand des Namens nicht erkennen, ob es sich um einen weiblichen oder männlichen Kandidaten handelt. Wenn Sie auf ein Bild in Ihren Bewerbungsunterlagen verzichten, sollten Sie auf jeden Fall Ihr Geschlecht in den Block „Persönliche Daten" einbauen.

> **LIEBER MIT BILD BEWERBEN**
>
> Auch wenn es nicht mehr zwingend notwendig ist, den Bewerbungsunterlagen ein Bild von sich beizufügen: Tun Sie es dennoch, um sich nicht unnötigerweise Nachteile einzuhandeln.

Schulbildung

In diesen Abschnitt gehören folgende Angaben:

- Name der Schule, Ort

- Angestrebter Abschluss, voraussichtliche Abschlussnote, gegebenenfalls den Notendurchschnitt vom vergangenen Jahr beziehungsweise den im Halbjahreszeugnis angeben

- Schwerpunktfächer, Lieblingsfächer, gegebenenfalls innerschulische Aktivitäten wie Chor oder Theater

- Grundschule nicht vergessen (Name und Ort)

- Monatsgenaue Angaben (zum Beispiel 08/10 bis 07/11)

Wenn es um den Aufbau Ihres Lebenslaufs geht, können Sie zwischen zwei Varianten wählen: dem chronologischen und dem sogenannten gegenchronologischen Lebenslauf. Entscheiden Sie sich für die erste Möglichkeit, bauen Sie innerhalb der einzelnen Blöcke die Daten von Anfang bis Ende in chronologischer Reihenfolge auf. Das heißt, im Block „Schule" beginnen Sie mit der Grundschule und arbeiten sich zum aktuellen Stand der Dinge vor. Dieser Aufbau kommt allerdings immer seltener vor, da die meisten Personalentscheider das Aktuellste gerne als Erstes sehen möchten. Bei Bewerbern, die sich um eine Lehrstelle bemühen, spielt das allerdings keine so große Rolle, da die einzelnen Blöcke ja erst wenige Stationen umfassen. Steht man jedoch schon im Berufsleben und hat einige Male die Stelle und den Arbeitgeber gewechselt, empfiehlt sich der sogenannte gegenchronologische Lebenslauf: Hier stehen die aktuellen Positionen jeweils oben und man arbeiten sich in die Vergangenheit zurück.

Muttersprachlicher Ergänzungsunterricht

Viele Kinder und Jugendliche aus Familien mit Migrationshintergrund besuchen neben der deutschen Regelschule den Muttersprachlichen Ergänzungsunterricht, zum Beispiel in einer türkischen oder griechischen Schule. Dieser findet in der Regel ein- bis zweimal pro Woche statt und stellt für die Betreffenden eine zusätzlich Belastung und Herausforderung dar. Diese Doppelbelastung ist nicht zu unterschätzen und muss daher auf jeden Fall in den Lebenslauf hinein – und zwar in den Block „Schule/Ausbildung". Meist werden an diesen Schulen auch Zeugnisse vergeben, die auf jeden Fall in die Bewerbungsunterlagen gehören.

Praktika, Ferienjobs, Aushilfstätigkeiten

Praktika, Ferienjobs und Aushilfstätigkeiten werden einzeln aufgeführt und mit monatsgenauen Angaben versehen. Da Schülerpraktika meist nur über zwei oder drei Wochen gehen, sollten Sie die Dauer der Tätigkeit noch einmal ausdrücklich benennen.

IHR PRAKTIKUM IM LEBENSLAUF

Praktikum

05/11 Reisebüro Harner, Mannheim
       Berufsschnupperpraktikum (zwei Wochen)
- Erste Reisebuchungen unter Anleitung
- Internet- und Telefonrecherchen
- Kundendatei aktualisieren, Ablage

📄 IHRE AUSHILFSTÄTIGKEIT IM LEBENSLAUF

Praktika, Jobs und andere relevante Erfahrungen

Seit Jul 11   Reformhaus Sani gut, Dresden
               Aushilfe, einmal wöchentlich
   - Auffüllen der Regale, Preisauszeichnungen
   - Inventurarbeiten
   - Botengänge

Geben Sie nicht nur den Namen der Firma und die Dauer des Praktikums an, sondern führen Sie auch Aufgaben und Tätigkeiten an, die Sie erledigt haben. Picken Sie drei oder vier aussagekräftige Positionen heraus, länger sollte die Liste nicht sein. Wählen Sie die Aufgaben aus, die Sie am ehesten mit der Ausbildungsstelle in Verbindung bringen oder die am anspruchsvollsten waren. Mit Aufzählungszeichen (Bullet-Points) wirkt der Block übersichtlich, die einzelnen Punkte sind schnell zu erfassen.

IT-/Computerkenntnisse

IT- und Computerkenntnisse werden immer wichtiger, auch bei Auszubildenden. In vielen Berufen wird ein Bezug zu Computern und Software erwartet. Für den Arbeitgeber ist es schwierig, die IT-Kenntnisse der Bewerber einzuschätzen, daher sollten Sie das übernehmen. Listen Sie Ihre Kenntnisse auf und bewerten Sie sie als sehr gut, gut oder Grundkenntnisse.

📄 IT-KENNTNISSE

IT-Kenntnisse

Word	gut
Excel	gut
Outlook	gut
Photoshop	gut
Amadeus	gut
Internet	sehr gut
Facebook	sehr gut

Achten Sie darauf, nicht zu übertreiben und sich nicht zu gut einzustufen, denn mit ein paar gezielten Fragen ist das schnell entdeckt.

Haben Sie sich gefragt, ob Erfahrungen mit Facebook tatsächlich in den Lebenslauf gehören? Wir haben mindestens zwei Gruppen ausgemacht, für die die Auflistung von Facebook-Fähigkeiten sinnvoll sein kann: für Social-Media-Experten und für Schulabgänger. Die erste Gruppe hat beruflich mit sozialen Netzwerken zu tun, die zweite Gruppe (also Sie) hat meist wenig berufsbezogene IT-Erfahrung. Wer Facebook nutzt, zeigt immerhin, dass er in der Lage ist, mit Computern und dem Internet umzugehen.

Sprachkenntnisse

Vor allem bei Bewerbern mit Migrationshintergrund müssen die Sprachkenntnisse im Lebenslauf ausdrücklich und im Detail aufgeführt werden – und zwar alle, unabhängig davon, ob man nun ein Zertifikat über diese Fähigkeiten hat oder nicht. Geben Sie auch hier eine eigene Einschätzung Ihrer Qualifikationen ab – bleiben Sie dabei objektiv und übertreiben Sie nicht (siehe auch Seite 22).

Auslandsaufenthalte

Haben Sie tatsächlich einen Auslandsaufenthalt hinter sich, zum Beispiel einen Schüleraustausch oder ein Praktikum, sollten Sie das auf jeden Fall gesondert in den Lebenslauf einbauen, am besten als separaten Block mit der Überschrift „Auslandsaufenthalt" oder „Auslandserfahrung".

BEISPIEL 1: AUSLANDSERFAHRUNG

Auslandserfahrung

Seit 07/09 jeden Sommer　　Ferienzimmer Zygrep, Zypern (Griechenland)
Ferienjob bei meiner Großmutter in Griechenland

- Ansprechpartner für Gäste
- Hilfe bei der Ausflugsplanung
- Rezeption und Buchhaltung
- Zimmermädchen
- Küchenhilfe, Sonstiges

BEISPIEL 2: AUSLANDSERFAHRUNG

Auslandserfahrung

07/11 bis 09/11   Club Sonnenschein, Andalusien, Spanien
Animateur

- Betreuung der Gäste
- Bewirtung der Gäste
- Tagesausflüge mit Gästen
- Kinderbetreuung

Falls Sie jeden Sommer fünf Wochen ins Heimatland gefahren sind, um dort Ferien zu machen, stellt sich das Ganze schwieriger dar. Dann sollten Sie vielleicht einen Aufhänger finden, eine Tätigkeit oder einen Kurs, vielleicht einen Sprachkurs zur Auffrischung der Muttersprache.

Außerschulische Aktivitäten und Engagement

Auch außerschulische Aktivitäten und Engagement können in den Lebenslauf aufgenommen werden, beispielsweise die Mitgliedschaft bei der Freiwilligen Feuerwehr, dem Technischen Hilfswerk, einer Theatergruppe, dem Kirchenchor, der Arbeiterwohlfahrt, der Nachbarschaftshilfe oder einer Partei. Auch hier gilt wieder: Wenn möglich kann die Aktivität oder das Engagement ausführlicher dargestellt werden. Denken Sie dabei aber immer an die monatsgenauen Angaben.

BEISPIEL 1: AUSSERSCHULISCHE AKTIVITÄTEN UND ENGAGEMENT

Sonstiges

Seit Mai 2010   Nachbarschaftshilfe Gütersloh
Übersetzungshilfe Deutsch-Arabisch

BEISPIEL 2: AUSSERSCHULISCHE AKTIVITÄTEN UND ENGAGEMENT

Sonstiges

Seit Okt 2006   Mitglied der Freiwilligen Feuerwehr Dortmund
Seit Nov 2010   Jugendübungsleiter

Arbeitsproben

Auf den ersten Blick scheinen Arbeitsproben eine sinnvolle und aussagekräftige Zugabe zu den üblichen Bewerbungsunterlagen zu sein. Doch Vorsicht! Nicht jeder Arbeitgeber ist davon überzeugt. Es gibt genügend Beispiele, bei denen vor allem kreative Arbeitsproben einen eher negativen Eindruck hinterließen und auf die Bewerbung prompt eine Absage folgte.

VERSCHICKEN SIE ARBEITSPROBEN NUR AUF NACHFRAGE

Bewerber, die mit dem Gedanken spielen, der Bewerbung eine Arbeitsprobe beizulegen, sollten vorab mit dem Arbeitgeber klären, ob das überhaupt erwünscht ist. Erhält man das Okay, kann die Arbeitsprobe durchaus einfallsreich sein. Dennoch sollte man vorher mit ein paar Leuten ausprobieren, wie sie auf die etwas ausgefallene oder kreative Arbeitsprobe reagieren würden, um die Wirkung einschätzen zu können.

Referenzen

Referenzen können eine Bewerbung abrunden und gegebenenfalls angeführte Qualifikationen belegen. Allerdings sollten Referenzen nicht von Familienangehörigen stammen. Als Ausnahme sind hier zum Beispiel vorstellbar: Sie haben bei diesem Familienmitglied ein Praktikum absolviert oder er/sie bestätigt und beurteilt Ihr soziales Engagement. Gut geeignet, um Referenzen zu geben, sind auf jeden Fall Lehrer, Vereinsmitglieder, Arbeitgeber, Vorgesetzte, Schülersprecher oder dergleichen.

Wer seinen Unterlagen Referenzen beifügen möchte, sollte die Referenzgeber im Lebenslauf namentlich nennen. Neben dem Namen und einer Begründung (die betreffende Person ist beispielsweise Vereinsvorsitzender, Feuerwehrhauptmann oder Vertrauenslehrer) sollte eine Kontaktmöglichkeit zu finden sein, zum Beispiel die Telefonnummer oder eine E-Mail-Adresse. Denken Sie daran, die betreffenden Personen vorab zu informieren, dass Sie sie als Referenz in Ihre Bewerbungsunterlagen aufnehmen wollen, und deren Einverständnis einzuholen.

Wenn Ihnen schriftliche Referenzen vorliegen, zum Beispiel Empfehlungsschreiben, wählen Sie sorgsam aus. Fügen Sie der Bewerbungsmappe nicht zu viele Unterlagen bei, sondern vermerken Sie lieber, dass Sie diese gegebenenfalls nachreichen können.

Hobbys

Ihre Hobbys müssen Sie nicht zwingend in Ihre Bewerbungsunterlagen einbauen, aber sie runden das Bild vom Bewerber in der Regel ab. Das gilt vor allem für Berufseinsteiger, da sich die Arbeitgeber mit den wenigen Informationen und Stationen, die ein Schulabgänger in der Regel zu bieten hat, nur eine vage Vorstellung machen können. Anhand von Hobbys lässt sich zudem der Grad der Integration in die Gesellschaft erkennen. Wer sich in Vereinen und dergleichen engagiert, erweckt eher den Eindruck, fest in der deutschen Gesellschaft verankert zu sein.

Bei den Hobbys im Lebenslauf ist aber auch Vorsicht angesagt. Passen die Freizeitaktivitäten und persönlichen Interessen ins Berufsbild – wunderbar. Unverfängliche Aktivitäten wie Fußball, Handball, Kochen, Bergsteigen und Ähnliches können ebenfalls getrost in die Bewerbungsunterlagen eingearbeitet werden. Anders sieht es jedoch bei gefährlichen, verbotenen oder gesellschaftlich nicht akzeptierten Hobbys aus. Dazu gehören zum Beispiel Bungee-Jumping, Graffitisprayen und dergleichen. Solche Aktivitäten sollten Sie auf keinen Fall nennen. Vorsicht ist auch bei Mitgliedschaften in manchen Vereinen angebracht, zum Beispiel im Schützenvereinen oder in Ultra-Fanclubs.

Layout des Lebenslaufs

Inzwischen verwenden viele Bewerber Layoutvorlagen für Bewerbungsunterlagen und erstellen damit auch ihren tabellarischen Lebenslauf. Wenn Sie Ihre Unterlagen selbst entwerfen, achten Sie darauf, dass Sie den Lebenslauf mithilfe einer Tabelle einrichten, dann verrutscht nichts. Tabulatoren sind nicht geeignet, um feste Abstände einzurichten, da sich schon bei kleinen Änderungen alles verschieben kann. Wenn Sie die Blöcke als einzelne Tabellen gestalten, können Sie Änderungen schnell und unkompliziert umsetzen.

> **AUSDRUCKSSTARKE UNTERSCHRIFT** ACHTUNG
>
> Sowohl unter das Anschreiben als auch unter den Lebenslauf sollten Sie als Bewerber Ihre handschriftliche Unterschrift setzen. Sie sollte flüssig sein und ein wenig Charakter zeigen. Damit vermitteln Sie Selbstbewusstsein und eine gewisse Reife. Verwenden Sie keinesfalls Druck- und Blockbuchstaben oder die Schulschrift, der Empfänger könnte damit Unsicherheiten beim Umgang mit der Sprache verbinden.

Die in diesem Buch verwendeten Vorlagen für Bewerbungsmappen finden Sie auch im Internet unter www.bewerben-mit-migrationshintergrund.de. Sie können sie herunterladen und müssen dann nur noch Ihre persönlichen Daten einsetzen.

Die Bewerbungsmuster

Was sich in der Theorie einfach anhört, ist in der Praxis manchmal gar nicht so leicht umzusetzen. Deshalb haben wir für Sie zehn Musterbewerbungen zu derzeit sehr beliebten Ausbildungsberufen zusammengestellt. Neben dem Anschreiben und dem Lebenslauf finden Sie allerlei Informationen rund um den Ausbildungsberuf, zum Beispiel zu den Aufgaben, Tätigkeitsbereichen, Voraussetzungen und Anforderungen an die Bewerber sowie Angaben zu alternativen Berufen, falls es mit der Wunschstelle nicht klappt. Am Ende jeder Musterbewerbung steht ein einschätzender Kommentar.

- Friseur/-in (Migrationshintergrund: türkisch)
- Erzieher/-in (Migrationshintergrund: türkisch)
- Einzelhandelskaufmann/-frau (Migrationshintergrund: kroatisch)
- Mechatroniker/-in (Migrationshintergrund: russisch)
- Reiseverkehrskaufmann/-frau (Migrationshintergrund: griechisch)
- Medizinische/-r Fachangestellte/-r (Migrationshintergrund: türkisch)
- Kaufmann/-frau für Marketingkommunikation (Migrationshintergrund: ägyptisch)
- IT-Systemkaufmann/-frau (Migrationshintergrund: spanisch)
- Bankkaufmann/-frau (Migrationshintergrund: griechisch)
- Kaufmann/-frau für Spedition und Logistikdienstleistung (Migrationshintergrund: türkisch)

NUTZEN SIE DIE VORLAGEN UND MUSTER IM INTERNET

Die Vorlagen für alle Anschreiben und Lebensläufe finden Sie auch online unter www.bewerben-mit-migrationshintergrund.de kostenlos zum Herunterladen.

Bewerbungsmuster für einen Ausbildungsplatz zum/zur Friseur/-in

Dreijährige, duale Berufsausbildung in Betrieb und Berufsschule
Anerkannter Ausbildungsberuf

Hier arbeiten Friseure/Friseurinnen

- Friseursalons
- Fernsehanstalten
- Kosmetische Abteilungen von Hotels und Bädern

Tätigkeitsbereich

- Kundenberatung, Typberatung
- Haare waschen, schneiden, färben, frisieren, Dauerwellen legen usw.
- Kosmetische Pflege

Vergütung in der Ausbildung

200 bis 600 Euro im Monat (erstes bis drittes Lehrjahr)

Voraussetzungen

Haupt- oder Realschulabschluss, ohne Schulabschluss in Ausnahmefällen

Hilfreiche Soft Skills und Fähigkeiten

- Kommunikationsfähigkeit
- Kundenfreundlichkeit
- Kreativität
- Fremdsprachenkenntnisse

Ausbildungsplatz zum/zur Friseur/-in

- Interkulturelle Kompetenzen
- Sorgfalt

Alternative Ausbildungsberufe

- Kosmetikerin, Drogistin
- Maskenbildnerin

Tipps für die Bewerbung um eine Stelle im Friseursalon

- Gehen Sie schon im Anschreiben darauf ein, dass Sie gerne frisieren und das bei einigen Freunden und Verwandten regelmäßig tun.
- Weisen Sie darauf hin, dass Sie spezielle Frisuren, zum Beispiel türkische Steckfrisuren, beherrschen.
- Suchen Sie persönlichen Kontakt zum/zur Friseurmeister/-in, stellen Sie sich vorab vor und fragen Sie nach, ob Sie ein Praktikum machen dürfen, oder bieten Sie Probearbeitstage an.
- Fragen Sie nach einem festen Aushilfsjob einmal pro Woche, damit der Arbeitgeber und die Mitarbeiter im Laden Sie kennenlernen können. Sie zeigen dabei auch, dass Sie die deutsche Sprache beherrschen.

PERSÖNLICHES VORSTELLEN SIGNALISIERT MOTIVATION

Natürlich kann man sich nicht bei allen ausbildenden Unternehmen persönlich vorstellen. Mittelständische und Großunternehmen haben eine eigene Personalabteilung mit mehreren Mitarbeitern, die meist nur telefonisch zu erreichen sind. Sie beantworten vorab Fragen der Bewerber. Bei kleinen Handwerksbetrieben, in denen vor allem der Chef entscheidet, welcher Bewerber genommen wird, kann ein Besuch hingegen hilfreich sein. Es bietet sich an, vorab anzufragen, wann ein Besuch passen würde und ob das gerne gesehen wird. Da es sich bei vielen Friseursalons um kleinere Unternehmen handelt, ist ein Vorabkontakt sicherlich zu empfehlen. Auch Probearbeitstage sind hilfreich.

Sila Algan
Amselweg 55 – 50668 Köln – Telefon 0221 2264888 – E-Mail: Sila@algan.de

An
Friseurladen Flinke Schere
Frau Lippert
Sonnenplatz 12
26544 Köln

Köln, 24. März 2012

Bewerbung um einen Ausbildungsplatz zur Friseurin

Sehr geehrte Frau Lippert,

mit vier Jahren habe ich meinen ersten Kamm geschenkt bekommen. Er war rot. Damals war ich sehr stolz und habe meine Mutter und meine Großmutter stundenlang gekämmt.

Aus meinem kindlichen Spiel von damals ist eine Leidenschaft für Haare und Frisuren geworden. Mir wurde schnell klar, dass ich den Beruf Friseurin ergreifen möchte. Ein Berufspraktikum bei einem Modehaus hat mir gezeigt, dass ich zwar gerne mit Kunden arbeite und sie entsprechend ihren Wünschen berate, aber mir hat die Kreativität und vor allem die Arbeit mit meinen Händen einfach gefehlt.

Auf der Suche nach einem passenden Ausbildungsbetrieb bin ich auf Ihren Laden gestoßen. Schon der Name hat es mir angetan. Und auch als Kundin habe ich mich bei Ihnen wohlgefühlt.

Gerne würde ich bei Ihnen ein paar Probearbeitstage leisten, damit Sie mich und meine Leidenschaft ein wenig kennenlernen können.

Auf ein persönliches Vorstellungsgespräch würde ich mich sehr freuen. Für Fragen stehe ich Ihnen natürlich gerne zur Verfügung.

Mit freundlichen Grüßen

Sila Algan

Anlagen: Lebenslauf, Halbjahreszeugnis, Zeugnis Berufspraktikum

Lebenslauf Sila Algan

Amselweg 55 – 50668 Köln – Telefon 0221 2264888 – E-Mail: Sila@algan.de

Persönliches

Geburtstag/Ort	12. Januar 1997/Düsseldorf	
Nationalität/Konfession	Türkin/muslimisch	(Bewerbungs-
Familienstand	ledig	foto)
	Arbeits- und Aufenthaltserlaubnis	
Familie	Vater: Hamit, Kfz-Mechaniker	
	Mutter: Sedal, Hausfrau	
	zwei Geschwister	

Schule

seit 09/07	Hauptschule am Wasserturm
	Hauptschulabschluss Juni 2012, vorauss. Note 3,3
	Lieblingsfächer: Kunst, Naturwissenschaften (Chemie)
09/03 bis 07/07	Marienfelder Grundschule, Köln

Praktische Erfahrungen

05/11   Modehaus Immann, Köln
Berufspraktikum, Verkauf Damenabteilung
- Verkaufsberatung
- Etikettierung der Ware
- Einräumen und Dekorieren der Ware

Sprachen

Deutsch	fließend, Alltagssprache
Türkisch	Muttersprache
Englisch	Schulkenntnisse

IT-Kenntnisse

Word	gut
Internet, Facebook	sehr gut

Hobbys

Frisieren, Schminken, Puzzlen, Tanzen

Sila Algan   Köln, 24. März 2012

Kommentar zur Bewerbung

Wer mit einem derart starken und authentischen Anschreiben aufwarten kann, wird sicherlich zu einem Vorstellungsgespräch eingeladen. Schon allein der Neugierde halber. Sila macht klar: Haare und Frisuren sind ihre Leidenschaft. Und ihr Anschreiben hinterlässt einen kommunikationsstarken Eindruck – bleibt die Frage offen, ob sich der in einem persönlichen Vorstellungsgespräch bestätigt.

Silas Idee, ein paar Probearbeitstage vorzuschlagen, zeigt, dass sie von sich und ihren Fähigkeiten überzeugt ist. Sie bringt also eine gehörige Portion Selbstbewusstsein und Durchsetzungsvermögen mit.

Ihr Praktikum im Modehaus Immann hat sie gut in Szene gesetzt. Der Umgang mit Kunden hat ihr gut gefallen, aber sie möchte nicht nur beraten, sondern auch kreativ sein und mit ihren Händen etwas schaffen.

Der Wermutstropfen der Bewerbung ist im Lebenslauf zu finden – und zwar handelt es sich um die voraussichtliche Note des Hauptschulabschlusses. Allerdings sind dabei ihre Lieblingsfächer (Kunst und Chemie) ein Lichtblick. Beides ist für die Ausbildung zur Friseurin sicherlich hilfreich.

Fazit: Bis auf den Notendurchschnitt, der allerdings immer noch befriedigend ist, eine durch und durch gelungene Bewerbung mit sehr guten Aussichten auf ein Vorstellungsgespräch.

Bewerbungsmuster für einen Ausbildungsplatz zum/zur Erzieher/-in

Schulische Ausbildung an Berufsfachschulen (zwei bis vier Jahre)
Anerkannter Ausbildungsberuf

Hier arbeiten Erzieher/-innen

- Kindergärten
- Kinderkrippen
- Erziehungsheime
- Kinderheime/Horte
- Jugendzentren
- Jugendberatungsstellen

Tätigkeitsbereich

- Kinderbetreuung (zum Beispiel Spielen, Singen, Basteln)
- Förderung der individuellen und sozialen Entwicklung
- Dokumentation der Entwicklung von Kindern und Jugendlichen
- Dokumentation von Projekten und pädagogischen Maßnahmen

Vergütung in der Ausbildung

200 bis 600 Euro im Monat (erstes bis drittes Lehrjahr)

Voraussetzungen

Realschulabschluss, in Ausnahmefällen Hauptschulabschluss

Hilfreiche Soft Skills und Fähigkeiten

- Kommunikationsfähigkeit
- Verantwortungsbewusstsein
- Einfühlungsvermögen
- Menschenkenntnis
- Konfliktfähigkeit
- Fremdsprachenkenntnisse
- Interkulturelle Kompetenzen

Alternative Ausbildungsberufe

- Erzieher/-in Jugend- und Heimerziehung
- Sozialpädagogische/-r Assistent/-in
- Kinderpflegerin
- Sozialhelferin

Tipps für die Bewerbung um eine Lehrstelle als Erzieher/-in

- Informieren Sie sich über das Konzept der jeweiligen Einrichtung und gehen Sie darauf ein, wenn es sich anbietet.
- Beschreiben Sie eigene Erfahrungen in der Kinderbetreuung, zum Beispiel beim Babysitten.
- Führen Sie Ihr Verantwortungsbewusstsein an.
- Gehen Sie auf Ihre Beziehung zu Kindern ein.

Selma Tarik   Amselweg 45   70567 Stuttgart   0711 4678898   SelmaTarik@googlemail.com

An
Fachschule für Sozialpädagogik
z. Hd. Herrn Haberle
Südring 12
70165 Stuttgart

Stuttgart, 16. März 2012

Bewerbung um einen Ausbildungsplatz zur staatlich anerkannten Erzieherin ab dem Schuljahr 2012/2013

Sehr geehrter Herr Haberle,

ich bin mit drei jüngeren Geschwistern und über zehn Cousinen und Cousins aufgewachsen. Bei Familienfeiern habe ich als eine der Ältesten immer die Aufgabe übernommen, auf die Rasselbande aufzupassen und mit allen zu spielen. Das hat mir immer viel Spaß gemacht.

Mein Entschluss stand daher schnell fest: Ich möchte auch beruflich etwas mit Kindern machen, am liebsten mit kleinen Kindern. Denn diese sind schnell für eine Sache zu begeistern und machen voller Freude mit. Das erfahre ich als Übungsleiterin des Kinderzirkus „Filderstadt" jede Woche. Der Kinderzirkus ist eine gemeinnützige Einrichtung zur Integration ausländischer Kinder. Ich übe mit den Kindern kleine artistische Kunststücke ein, die zweimal im Jahr in einer Zirkusvorstellung gezeigt werden.

Erste Einblicke in den Berufsalltag einer Erzieherin im Kindergarten habe ich während meines Berufspraktikums im Kindergarten „Lummerland" sammeln können. Ich habe die drei Wochen genossen. Die Zeit mit den Kleinen hat mir gezeigt, dass ich gerne Erzieherin in einem Kindergarten werden möchte.

Auf der Suche nach einer geeigneten Berufsfachschule bin ich auf Ihre Einrichtung gestoßen. Zum einen habe ich bereits viel Gutes von der Schule gehört, zum anderen gefällt mir die Mischung aus Praxis und Theorie und die Auswahl der Kindergärten, mit denen Sie in der Regel zusammenarbeiten. Ich würde mich daher freuen, wenn ich bei Ihnen meine Ausbildung machen kann. Die Realschule schließe ich diesen Sommer ab, vermutlich mit einem Notendurchschnitt von 2,2.

Über ein persönliches Gespräch würde ich mich sehr freuen. Sollten Sie noch Fragen haben, stehe ich Ihnen natürlich gerne zur Verfügung.

Mit freundlichen Grüßen

Selma Tarik

Anlagen: Lebenslauf und Zeugnisse

Lebenslauf

Selma Tarik   Amselweg 45   70567 Stuttgart   0711 4678898   SelmaTarik@googlemail.com

Persönliche Daten

Selma Tarik

geboren am 11. November 1995 in Esslingen

ledig, türkisch, muslimisch   (Bewerbungs-foto)

Eltern: Mutter Bürokauffrau, Vater Angestellter im Vertrieb
Geschwister: 2 Schwestern (10, 12 Jahre), 1 Bruder (13 Jahre)

Ausbildung (Schule)

Sep 06 bis heute	Realschule Rosensteinschule, Stuttgart 07/2012 Hauptschulabschluss (Note: 2,2) Lieblingsfächer: Hauswirtschaft, Kunst und Musik
Sep 02 bis Jul 06	Grundschule im Winkel, Stuttgart

Ausbildung (Praktikum)

Apr 10   Kindergarten „Lummerland", Stuttgart
                  Berufsschnupperpraktikum (3 Wochen)
                  - Betreuung der Kinder
                  - Bastelarbeiten, Kinderturnen
                  - Mahlzeiten vorbereiten
                  - Protokolle schreiben

Ferienjobs

Jun/Jul 11   Eisdiele Zampoli, Stuttgart
                  Ferienaushilfe
                  - Verkauf von Eisspeisen
                  - Bedienen von Gästen im Eis-Restaurant
                  - Küchendienst

Computerkenntnisse

Word	gut
Internet, Google	sehr gut
E-Mail, Facebook	sehr gut

Sprachkenntnisse

Deutsch, Türkisch	Alltagssprache, Muttersprache
Englisch	gute Schulkenntnisse

Sonstiges

seit Okt 10	Babysitten bei unseren Nachbarn Kinder Anni, 3 Jahre, und Tobias, 6 Jahre • einmal wöchentlich, nachmittags • ein- bis zweimal am Wochenende, abends
seit Mai 09	Babysitten bei Familienfesten und Veranstaltungen
seit Feb 08	Kinderzirkus „Filderstadt", Stuttgart Übungsleiterin Kindergruppe (4 bis 6 Jahre)
seit Jul 05	Mitglied im Kinderzirkus „Filderstadt" Übungsnachmittage und Zirkusvorführungen

Interessen

Jonglieren, Balancieren
Basteln, Stricken

Stuttgart, 16. März 2012

Selma Tarik

Kommentar zur Bewerbung

Der Einstieg ins Anschreiben ist bildhaft und lebendig. Man sieht die Bewerberin vor sich, umringt von zahllosen Cousinen und Cousins. Und sie fühlt sich wohl. Ein guter Einstieg, der zeigt, dass die Realschülerin schon einiges an praktischer Erfahrung gesammelt hat. Hinzu kommen Praktikum und Babysitten und nicht zu vergessen: ihre Rolle als Übungsleiterin im Kinderzirkus. Da nicht alles im Anschreiben Platz hat, fällt ihre Tätigkeit als Babysitterin dort weg, sie erwähnt sie jedoch ausführlich im Lebenslauf. Eine gute Aufteilung, denn so bekommt der Leser beim Studieren des Lebenslaufs noch ein paar zusätzliche Informationen.

Die Begründung, warum sie ausgerechnet an diese Schule möchte, ist zwar nicht gerade bestechend, reicht aber für eine Bewerbung vollkommen aus.

Der Lebenslauf ist übersichtlich und hat sogar noch ein paar gestalterische Finessen. Die Bewerberin hat neben der schulischen Ausbildung bereits berufsbezogene Erfahrungen gesammelt, die teilweise erst auf der zweiten Seite sichtbar sind. Daher wäre es hier auch möglich gewesen, ein Kurzprofil auf der ersten Seite des Lebenslaufs einzubauen, in dem alle wichtigen Fähigkeiten, Qualifikationen und Erfahrungen kurz aufgelistet werden. Allerdings ist ein Kurzprofil Geschmackssache.

Bewerbungsmuster für einen Ausbildungsplatz zum/zur Einzelhandelskaufmann/-frau

Dreijährige, duale Berufsausbildung in Betrieb und Berufsschule
Anerkannter Ausbildungsberuf

Hier arbeiten Einzelhandelskaufleute

- Einzelhandelsgeschäfte (Modehäuser, Drogerien, Kaufhäuser, Lebensmittelgeschäfte usw.)
- Versandhandel
- Internethandel

Tätigkeitsbereiche

- Verkaufen Konsumgüter wie Kleidung, Lebensmittel, Möbel, Nahrungsmittel usw.
- Beraten Kunden beim Kauf der Konsumgüter
- Planen Einkauf und bestellen Ware
- Nehmen Lieferungen entgegen, lagern Ware, preisen sie aus
- Gestalten Verkaufsräume oder Schaufenster
- Nehmen Reklamationen entgegen und regeln diese
- Übernehmen verkaufsfördernde Maßnahmen: Präsentation der Ware, Information des Kunden durch Schilder usw.

Vergütung in der Ausbildung

550 bis 800 Euro im Monat (erstes bis drittes Lehrjahr)

Voraussetzungen

Haupt- oder Realschulabschluss, Abitur

Hilfreiche Soft Skills

- Kommunikationsfähigkeit
- Kundenorientierung
- Serviceorientierung
- Organisationstalent
- Selbstbewusstsein
- Kreativität
- Interkulturelle Kompetenzen

Alternative Ausbildungsberufe

- Kaufmann/-frau Groß- und Außenhandel
- Industriekaufmann/-frau
- Fachverkäufer/-in Lebensmittel

Tipps für die Bewerbung um eine Lehrstelle als Einzelhandelskaufmann/-frau

- Heben Sie Ihr Interesse an der Kundenberatung hervor.
- Gehen Sie gegebenenfalls auf die eigene Kreativität ein.
- Weisen Sie auf das Interesse am eigentlichen Produkt hin.

Zlatko Stanovic
Mühlenweg 4 in 33106 Paderborn – (05251) 445765 und (0151) 3566309

An
Media Halle
Personalabteilung, Herrn Reimer
Güterstraße 12
33114 Paderborn

Paderborn, 3. März 2012

Bewerbung Ausbildungsplatz zum Einzelhandelskaufmann, Beginn September 2012

Sehr geehrter Herr Reimer,

seit meinem Schnupperpraktikum vor einem Jahr bin ich auch als Aushilfe im Verkauf und in der Lagerverwaltung in der Media Halle tätig. Das ist nicht nur einfach ein Nebenjob für mich. Elektronik hat mich schon immer interessiert und durch meine Arbeit in der Media Halle habe ich festgestellt, dass ich auch beruflich in diese Richtung gehen möchte.

Ich bin immer gerne auf dem neuesten Stand der Technik – vor allem, was TV, HiFi und Zubehör angeht. Mir gefällt vor allem, dass ich durch eine Ausbildung in einem Elektronikmarkt jeden Tag in dem Bereich arbeiten kann, der mich auch in meiner Freizeit besonders interessiert.

Durch das Praktikum und meinen Job als Aushilfe habe ich auch gemerkt, dass es mir Spaß macht, den Kunden die Geräte und die Technik zu präsentieren und zu erklären. Irgendwie macht es mich stolz, wenn ich anderen die Vor- und Nachteile der Geräte zeigen und erläutern oder die neuesten Geräte vorführen kann. Dass ich gut mit Kunden umgehen kann, das hat mir auch Ihr Abteilungsleiter Herr Kunz bestätigt. Er hat mir gesagt, dass er Ihnen gerne für Fragen über meine Arbeit und meine Fähigkeiten zur Verfügung steht.

Ich würde sehr gerne eine Ausbildung in Ihrem Markt beginnen. Neben den Aufgaben gefällt mir auch das Arbeitsklima und ich verstehe mich mit allen Kollegen sehr gut.

Mit freundlichen Grüßen

Zlatko Stanovic

Anlagen: Lebenslauf und Zeugnisse

Lebenslauf Zlatko Stanovic

Persönliche Daten

Name	Zlatko Stanovic
Anschrift	Mühlenweg 4, 33106 Paderborn
Telefon	(05251) 445765 und (0151) 3566309
E-Mail	Zl_stanovic@vmail.de

(Bewerbungsfoto)

Geburtstag und -ort	4. Oktober 1996, Osnabrück
Nationalität	kroatisch
Geschlecht	männlich
Familienstand	ledig, ein Bruder Vater Boris, Einzelhandelskaufmann Mutter Susanna, Bürokauffrau

Schule

seit 08/2007	Lena-Christ-Hauptschule, Paderborn Hauptschulabschluss Sommer 2012, Note: 2,5 Lieblingsfächer: Sport und Englisch
08/2003 bis 06/2007	Grundschule, Paderborn

Praktische Erfahrungen

seit 04/2011	Media Halle, Paderborn Aushilfe, zweimal pro Woche • Kundenberatung • Lagerbestand verwalten • Auffüllen der Regale, Auszeichnen der Ware
03/2011	Media Halle, Paderborn Schnupperpraktikum, drei Wochen • Kundenberatung (unter Betreuung) • Auffüllen der Regale • Auszeichnen der Ware

Sprachkenntnisse

Deutsch und Kroatisch	Muttersprachen
Englisch	sehr gut

Computerkenntnisse

MS Word	gut
Photoshop	gut
E-Mail, Internet	sehr gut
ADREVA	gut

Sonstiges

seit 01/2010 FC Paderborn, Abteilung Fußball, Mittelfeldspieler
Gerätewart

Interessen

Elektronik
Fußball

Paderborn, 3. März 2012

Zlatko Stanovic

Kommentar zur Bewerbung

Nicht in jedem Fall bietet es sich an, auf interkulturelle Fähigkeiten einzugehen. Der Bewerber hat eine einfache, aber ehrliche Bewerbung erarbeitet, die authentisch rüberkommt.

Der Einstieg über das Praktikum und die Aushilfstätigkeit ist gut gewählt. Das zeigt dem Personaler, dass sich hier jemand bewirbt, der bereits etwas Erfahrung hat – und das sogar im eigenen Betrieb. Der Bewerber ist also kein Unbekannter. Der Hinweis auf den Mitarbeiter als Referenz ist ebenfalls sehr gut. Der Personaler wird sicherlich Rücksprache mit dem Abteilungsleiter halten.

Der Lebenslauf ist übersichtlich gestaltet und enthält alle wichtigen Informationen. Die Tätigkeit als Gerätewart beim Fußballverein sollte auf jeden Fall hinein, der Bewerber zeigt damit, dass er verantwortungsbewusst und sorgfältig ist.

Bewerbungsmuster für einen Ausbildungsplatz zum/zur Mechatroniker/-in

Dreieinhalbjährige, duale Berufsausbildung in Betrieb und Berufsschule
Anerkannter Ausbildungsberuf

Hier arbeiten Mechatroniker

- Automobilindustrie
- Unternehmen des Maschinen- und Anlagenbaus
- Unternehmen des Luft- und Raumfahrzeugbaus
- Unternehmen der Informations- und Kommunikationstechnik sowie der Medizintechnik
- Hersteller von elektrischen Anlagen und Bauteilen
- Hersteller von industriellen Prozesssteuerungseinrichtungen

Tätigkeitsbereich

- Setzen Baugruppen und Einzelteile zu komplexen Maschinen und Systemen zusammen
- Installieren elektrische Baugruppen
- Programmieren mechatronische Systeme, nehmen diese in Betrieb und halten sie instand
- Installieren und testen Hard- und Softwarekomponenten

Vergütung in der Ausbildung

750 bis 950 Euro im Monat (erstes bis drittes Lehrjahr)

Voraussetzungen

Realschulabschluss oder Abitur, in Einzelfällen Hauptschulabschluss

Hilfreiche Soft Skills und Fähigkeiten

- Technisches Verständnis
- Sorgfalt
- Lernbereitschaft
- Flexibilität

Alternative Ausbildungsberufe

- Industriemechaniker/-in
- Elektroniker/-in
- Produktionstechnologe/-technologin

Tipps für die Bewerbung um einen Ausbildungsplatz als Mechatroniker

- Betonen Sie das eigene technische und elektronische Verständnis.
- Weisen Sie auf Ihre Sorgfalt hin.
- Heben Sie Ihr Interesse für die jeweiligen Fahrzeuge/Maschinen hervor.

| Alexander D. Reprov |

Hummelweg 7 – 20095 Hamburg – (0 40) 75 44 93 84 – alexreprov@gmx.de

An
Kfz-Werkstatt Schmiller
z. Hd. Herrn Zimmermann
Sonnenstraße 17
20067 Hamburg

Hamburg, 23. Januar 2012

Bewerbung um einen Ausbildungsplatz zum Mechatroniker – Personenkraftfahrzeuge, Ihre Stellenausschreibung auf Stepstone vom 15. Januar 2012

Sehr geehrter Herr Zimmermann,

ich besuche derzeit die zehnte Klasse der Schiller Schule und werde im Sommer meinen Realschulabschluss machen. Und nun bin ich auf der Suche nach einem Ausbildungsplatz.

Schon als Kind habe ich meinem Onkel und meinem Großvater fasziniert zugesehen, wenn sie ihre Autos oder die der Nachbarn reparierten. Als ich dann das erste Mal helfen durfte, war mir klar, dass ich das später auch einmal machen will.

Für mein Berufsschnupperpraktikum habe ich mir natürlich eine Kfz-Werkstatt ausgesucht, um mir ein genaueres Bild von den Aufgaben eines Mechatronikers zu machen und den Berufsalltag kennenzulernen. Das hat mir insgesamt sehr gefallen und viel Spaß gemacht. Zudem konnte ich dabei mein technisches und elektronisches Verständnis sowie meine Sorgfalt unter Beweis stellen.

Ich hoffe, ich habe Sie ein wenig neugierig auf mich gemacht, und würde mich auf ein persönliches Gespräch mit Ihnen freuen. Sollten Sie noch Fragen an mich haben, stehe ich Ihnen gerne zur Verfügung.

Mit freundlichen Grüßen

Alexander Reprov

Anlagen: Lebenslauf und Zeugnisse

| Alexander D. Reprov |

Hummelweg 7 – 20095 Hamburg – (0 40) 75 44 93 84 – alexreprov@gmx.de

Lebenslauf

geb. am 30. März 1996
in Hamburg
ledig, russisch

(Bewerbungsfoto)

Schule
seit 07/06   Schiller Schule, Hamburg
Realschulabschluss Sommer 2012, Note voraussichtlich 2,6
Lieblingsfächer: Physik und Sport

07/02–06/06   Grundschule Altona, Hamburg

Praktische Erfahrung
05/11   Auto fit, Hamburg (Kfz-Werkstatt)
Praktikum im Werkstattbereich, 2 Wochen
- Reifenwechsel, Druckmessung
- Innenreinigung
- Werkzeugpflege
- Terminannahme

seit 04/10   Wochenblatt, Hamburg
Zusteller des Wochenmagazins „Wochenblatt"

IT/PC
Word, Excel (gut)
Internet (sehr gut)
E-Mail, Facebook (sehr gut)

Sprachen	
	Deutsch und Russisch (fließend, Muttersprachen)
	Englisch (Schulkenntnisse)
Interessen	
	Badminton
	Squash

Hamburg, 23. Januar 2012

Alexander Reprov

Kommentar zur Bewerbung

Unser Bewerber hat eine einfache, dafür aber authentisch wirkende Bewerbung geschrieben. Sein Migrationshintergrund geht zwar nur aus dem Lebenslauf hervor, aber in manchen Fällen lässt er sich eben nicht oder nur schlecht einbauen. Ist das auch bei Ihnen der Fall, verzichten Sie besser darauf. Ansonsten wirkt das Ganze vielleicht zu gezwungen, was dann beim Leser nicht gut ankommen könnte.

Im Anschreiben geht unser Bewerber auf seine Kindheit ein, auf sein Interesse an Fahrzeugen und auf den Stolz, als er zum ersten Mal selbst Hand anlegen durfte bei der Reparatur eines Autos. Das macht ihn einerseits sympathisch, andererseits kann der Personalentscheider davon ausgehen, dass es sich hier um einen motivierten Bewerber handelt, der die Arbeit und die gesamte Materie mag.

Der Lebenslauf beinhaltet alle wichtigen und notwendigen Informationen. Gut ist, dass Alexander Reprov seinen Nebenjob als Zeitungsausträger eingebaut hat. Das zeigt, dass er Arbeit nicht scheut und zuverlässig ist. Ausschlaggebend ist nicht, welchen Nebenjob man ausübt, sondern welche Eigenschaften dabei erforderlich sind. Deshalb sollte er auf jeden Fall in den Lebenslauf hinein.

Ingesamt eine solide Bewerbung, der Bewerber darf wohl mit einer Einladung zu einem Vorstellungstermin rechnen.

Bewerbungsmuster für einen Ausbildungsplatz zum/zur Reiseverkehrskaufmann/-frau

Dreijährige, duale Berufsausbildung in Betrieb und Berufsschule
Anerkannter Ausbildungsberuf

Hier arbeiten Reisekaufleute

- Reisebüros, Online-Reisebüros
- Freizeit-, Urlaubseinrichtungen
- Reiseanbieter
- Tourismusunternehmen
- Tourismusbüros

Tätigkeitsbereich

- Planen und Organisieren von Reisen und Freizeitveranstaltungen
- Vermittlung und Verkauf von Reisen

Vergütung in der Ausbildung

700 bis 800 Euro im Monat (erstes bis drittes Lehrjahr)

Voraussetzungen

Realschulabschluss oder Abitur, in Ausnahmefällen Hauptschulabschluss

Hilfreiche Soft Skills und Fähigkeiten

- Kommunikationsfähigkeit
- Kundenfreundlichkeit
- Organisationstalent

- Fremdsprachenkenntnisse
- Interkulturelle Kompetenzen

Alternative Ausbildungsberufe

- Tourismuskaufmann/-frau (Privat- und Geschäftsreisen)
- Veranstaltungskaufmann/-frau, Eventmanager/-in
- Touristikassistent/-in
- Hotelkaufmann/-frau

Tipps für die Bewerbung um eine Ausbildungsstelle zum/zur Reisekaufmann/-frau

- Weisen Sie auf besondere Sprachkenntnisse hin.
- Sprechen Sie die eigene Reiselust an.
- Gehen Sie auf Erfahrungen in Ihrem Heimatland oder im Heimatland Ihrer Eltern oder Großeltern ein.

Alisa Eleni Zygrep

Mozartstraße 12 – 68161 Mannheim
Telefon (0621) 8356775 – E-Mail Alisa_Zygrep@web.de

An
Reisebüro Arndtmann
z. Hd. Herrn Arndtmann
Zieglerstraße 4
68159 Mannheim

Mannheim, 30. Januar 2012

Bewerbung um eine Ausbildungsstelle zur Reisekauffrau
Ihre Anzeige im „Mannheimer Tagesblatt" vom 28. Januar 2012

Sehr geehrter Herr Arndtmann,

seit ich denken kann, fahre ich mit meinen Eltern jeden Sommer zu meiner Großmutter nach Zypern. Sie unterhält dort einige Gästezimmer und seit einigen Jahren helfe ich ihr während der Ferien bei der Betreuung der Gäste, auch bei der Planung der Gästeausflüge. Das hat mir immer viel Spaß gemacht und deshalb habe ich mein Berufspraktikum letztes Jahr auch in einem Reisebüro gemacht.

Ich durfte dort erste Reisen unter Anleitung buchen und kleinere Ausflüge im Internet recherchieren. Die Eigentümerin, Frau Harner, war mit meiner Arbeit sehr zufrieden und ich nutzte die Gelegenheit, dort einen Aushilfsjob anzunehmen. Inzwischen darf ich sogar selbstständig Bahnbuchungen durchführen. Meine Arbeit im Reisebüro hat mich darin bestätigt, dass der Tourismus das ist, was ich beruflich machen möchte, und eine Ausbildung zur Reisekauffrau der richtige Einstieg für mich ist.

Da Frau Harners Büro sehr klein ist und sie keine Lehrlinge ausbildet, bin ich bei der Suche nach einem geeigneten Reisebüro auf Ihre Agentur gestoßen. Mir ist sofort aufgefallen, dass Sie nicht nur Pauschalreisen im Angebot haben, sondern einen Schwerpunkt im Bereich Individualreisen haben. Das reizt mich sehr, da es mir sehr viel Spaß macht, Reisen aus vielen Einzelteilen zusammenzustellen.

Ich würde mich daher über ein Vorstellungsgespräch bei Ihnen freuen. Wenn Sie noch Fragen haben, stehe ich Ihnen gerne zur Verfügung.

Mit freundlichen Grüßen

Alisa Zygrep

Anlagen: Lebenslauf, Zeugnisse, Referenzen

Lebenslauf

Alisa Eleni Zygrep

Mozartstraße 12 - 68161 Mannheim
Telefon (0621) 8356775 - E-Mail Alisa_Zygrep@web.de

Angaben zur Person

Geburtstag/Ort	3. Mai 1995/Darmstadt	
Nationalität/Konf.	Griechin/katholisch	
Familienstand	ledig	(Bewerbungs-
Familie	Vater: Lisias, Systeminformatiker	foto)
	Mutter: Evangelia, Bürokauffrau	
	Bruder: Niki, 14 Jahre	

Schule

seit 09/06	Kant-Realschule, Mannheim
	Realschulabschluss Juni 2012, Notendurchschnitt 2011: 2,1
	Lieblingsfächer: Sozialkunde, Deutsch, Sport
	Wahlpflichtfächer: Französisch, Informatik
09/02 bis 06/08	Griechische Schule, Griechischer Verein Philia, Mannheim
	Abschlusszeugnis: 2,2
09/02 bis 07/06	Grundschule an der Au, Mannheim

Praktische Erfahrungen

seit 07/11   Reisebüro Harner, Mannheim
                  Aushilfskraft, zweimal wöchentlich
                  - Unterstützung bei Reiseplanungen, Recherchen im Internet
                  - Buchungen von Bahntickets
                  - Gestaltung des Schaufensters

05/11   Reisebüro Harner, Mannheim
                  Berufsschnupperpraktikum (zwei Wochen)
                  - Erste Reisebuchungen unter Anleitung
                  - Internet- und Telefonrecherchen
                  - Kundendatei aktualisieren, Ablage

seit 07/08   Ferienzimmer Zygrep, Zypern (Griechenland)
jeden Sommer   Ferienjob bei meiner Großmutter in Griechenland
                  - Ansprechpartner für Gäste, Hilfe bei der Ausflugsplanung
                  - Rezeption und Buchhaltung
                  - Zimmermädchen, Küchenhilfe, Sonstiges

Sprachkenntnisse

Deutsch	fließend, Alltagssprache
Griechisch	Muttersprache
Englisch	sehr gut
Französisch	gut

IT-Kenntnisse

Word	gut
Excel	gut
Outlook	gut
Amadeus	gut
Internet	sehr gut
Facebook	sehr gut

Hobbys

Reisen, Tourismus
Handball
Harry Potter

Mannheim, 30. Januar 2012

Alisa Zygrep

Kommentar zur Bewerbung

Alisa Zygrep hat einen sehr gelungenen Einstieg in ihr Anschreiben gefunden. Sehr clever, erst einmal mit der Großmutter aus Zypern und deren Gästezimmern zu beginnen. Da wird der Leser aufmerksam und möchte mehr erfahren – erst recht, wenn er selbst aus der Reisebranche stammt. Der Übergang zum Berufspraktikum mit dem sich anschließenden Aushilfsjob ist schlüssig. Das gilt auch für die Erklärung, weshalb die Bewerberin dort keine Ausbildung machen kann.

Ein Arbeitgeber möchte immer wissen, warum ein Bewerber sich gerade seinen Betrieb ausgesucht hat und welchen Mehrwert der Mitarbeiter mitbringt. Der Hinweis auf den Schwerpunkt der Individualreisen zeigt, dass sich die Bewerberin nicht blind bewirbt, sondern sich tatsächlich mit dem Reisebüro auseinandergesetzt hat. Dazu reicht oft ein Blick ins Internet, etwa auf die Seiten des Unternehmens, oder in ein Online-Gewerbebuch.

Unsere Bewerberin zeigt, dass sie motiviert ist und weiß, was sie will und kann. Das macht einen selbstbewussten Eindruck. Zudem bringt sie erste Erfahrungen mit.

Der Lebenslauf ist ordentlich und übersichtlich strukturiert, die beruflich relevanten Erfahrungen sind leicht zu finden und können nicht übersehen werden.

Die Bewerbung überzeugt. Wir denken, dass die Bewerberin auf jeden Fall mit einem Vorstellungsgespräch rechnen kann.

Bewerbungsmuster für einen Ausbildungsplatz zum/zur Medizinischen Fachangestellten

Dreijährige, duale Berufsausbildung in Betrieb und Berufsschule
Anerkannter Ausbildungsberuf

Hier arbeiten Medizinische Fachangestellte

- Arztpraxen
- Krankenhäuser
- Krankenkassen
- Medizinische Abrechnungsagenturen

Tätigkeitsbereiche

- Unterstützung von Ärztinnen und Ärzten bei der Behandlung und Untersuchung von Patienten
- Blutabnahme, Verbände anlegen, Laborarbeiten usw.
- Organisation des täglichen Praxisablaufs (Terminvergabe, Abrechnung, Patientenakten)
- Erstellen und Überprüfen von Rechnungen

Vergütung in der Ausbildung

530 bis 620 Euro im Monat (erstes bis drittes Lehrjahr)

Voraussetzungen

Hauptschulabschluss, Realschulabschluss oder Abitur

Hilfreiche Soft Skills und Fähigkeiten

- Kommunikationsfähigkeit
- Verantwortungsbewusstsein

- Organisationstalent
- Zeitmanagement
- Einfühlungsvermögen
- Sorgfalt
- Belastbarkeit
- Teamfähigkeit
- Interkulturelle Kompetenzen

Alternative Ausbildungsberufe

- Gesundheits- und Krankenpflegerin
- Operationstechnische Assistentin
- Medizinisch-technische Assistentin
- Zahnmedizinische Fachangestellte

Beispiele für Weiterbildungsmöglichkeiten

- Praxismanager/-in
- Fachwirt/-in für ambulante medizinische Versorgung
- Techniker/-in für Medizintechnik
- Betriebswirt/-in im Bereich Gesundheit

Tipps für die Bewerbung um eine Ausbildungsstelle zur Medizinischen Fachkraft

- Heben Sie Ihr Interesse an der Medizin hervor.
- Weisen Sie auf besondere Sprachkenntnisse hin.
- Sprechen Sie interkulturelle Kompetenzen an.
- Erwähnen Sie Ihr Talent für Organisation- und Zeitmanagement.

Nilgün Yilmaz	Harzbergerstraße 12, 60308 Frankfurt am Main
	Tel.: (0 69) 7 22 24 99, E-Mail: nilg.Yilmaz@yahoo.de

An die
Gemeinschaftspraxis Dr. Trimmer & Dr. Lieper
Am Halfbogen 23
60322 Frankfurt am Main

Frankfurt, 1. Februar 2012

Bewerbung um eine Ausbildungsstelle zur Medizinischen Fachangestellten
Ihre Anzeige im „Frankfurter Wochenblatt" vom 30. Januar 2012

Sehr geehrter Herr Dr. Trimmer,

mein Interesse an medizinischen Dingen habe ich entdeckt, als meine Mutter die häusliche Pflege meiner kranken Großmutter übernommen hat. Seit zwei Jahren helfe ich ihr dabei und habe festgestellt, dass ich das sehr gerne tue und meine berufliche Zukunft im gesundheitlichen Bereich liegt.

Meine Praktika im Altenheim und in einer Arztpraxis haben mir gezeigt, dass mir die Arbeit mit kranken Menschen zwar Spaß macht, dass es mir aber auch wichtig ist, gesundheitliche Fortschritte zu sehen. Ich habe mich daher für eine Ausbildung als Medizinische Fachangestellte entschieden, zumal mir die abwechslungsreichen Aufgaben in der orthopädischen Praxis bei Herrn Dr. Gehnert besonders gefallen haben.

Neben den Verwaltungsaufgaben und der Betreuung von Patienten konnte ich sogar meine Muttersprache einsetzen, um Gespräche zwischen Patienten, die wenig oder kaum Deutsch sprachen, und Dr. Gehnert zu übersetzen. Auch wenn die Aufgaben vielfältig, spannend und interessant waren, möchte ich meine Ausbildung doch lieber in einer allgemeinärztlichen Praxis absolvieren, da mir das Aufgabenfeld dort besser gefällt.

Von Ihrer Praxis habe ich bislang nur Gutes gehört, auch von Ihren Azubis. Vor allem gefällt mir, dass Sie Ihr Augenmerk auch auf Naturheilverfahren und ganzheitliche Medizin richten.

Ich würde mich daher freuen, meine Ausbildung in Ihrer Praxis zu absolvieren, und freue mich auf ein persönliches Gespräch. Für Fragen stehe ich gerne zur Verfügung.

Mit freundlichen Grüßen

Nilgün Yilmaz

Anlagen: Lebenslauf, Zeugnisse und Referenzen

Lebenslauf

Harzbergerstraße 12, 60308 Frankfurt am Main
Tel.: (0 69) 7 22 24 99, E-Mail: nilg.Yilmaz@yahoo.de

Persönliches

Nilgün Yilmaz

(Bewerbungsfoto)

geboren am 18. November 1995 in Herne
türkisch, ledig
Geschwister (10, 12 und 18 Jahre alt)

Schule

seit Sep 06	Heinemann Realschule, Köln Realschulabschluss im Sommer 2012, Note gut Lieblingsfächer: Musik, Informatik, Biologie Aktivitäten: Schulchor, Schulfestkomitee
Sep 02 bis Aug 06	Gartenschule, Frankfurt am Main

Praktika, Jobs und andere relevante Erfahrungen

seit Jul 11	Engel Apotheke, Frankfurt am Main Aushilfe, einmal wöchentlich • Auffüllen der Regale • Preisauszeichnungen • Inventurarbeiten • Botengänge
Jun 11	Orthopädische Praxis Dr. Gehnert, Frankfurt am Main 3-wöchiges Berufspraktikum • Telefonische Terminvergabe • Ablage, Krankenakten • Übersetzen von Arzt-Patienten-Gesprächen

Praktika, Jobs und andere relevante Erfahrungen (Fortsetzung)

Jun 10	Altenheim Rosenweg, Frankfurt am Main 2-wöchiges Berufspraktikum • Austeilen von Mahlzeiten und Getränken • Botengänge • Organisieren von Spielnachmittagen • Bettenmachen
seit Okt 09	Mithilfe bei der Pflege meiner Großmutter bei uns zu Hause

Sprachkenntnisse

Deutsch, Türkisch	fließend (Muttersprachen)
Englisch	gut

IT-Kenntnisse

MS Word	gut
E-Mail, Internet	sehr gut

Hobbys

Volleyball
Klarinette spielen

Frankfurt, 1. Februar 2012

Nilgün Yilmaz

Kommentar zur Bewerbung

Eine durch und durch gelungene Bewerbung. Die Bewerberin bringt alle wichtigen Punkte im Anschreiben an, nämlich

- warum sie Medizinische Fachangestellte werden möchte und wie sie ihre Entscheidung getroffen hat.
- warum sie gerade diese Praxis ausgewählt hat (Allgemeinmedizin, Naturheilverfahren, guter Ruf).
- ihre sprachlichen und interkulturellen Kompetenzen.
- erste berufsspezifische Erfahrungen (Praktikum in einer Arztpraxis, Aushilfe in einer Apotheke).
- ihre zusätzliche Qualifikation (Pflege der eigenen Großmutter zu Hause). Hier zeigt die Bewerberin beispielsweise, dass sie Verantwortungsbewusstsein und Ausdauer hat.

Die Bewerbung macht insgesamt einen schlüssigen Eindruck. Der Lebenslauf ist sehr übersichtlich und ansprechend, er enthält alle notwendigen und wichtigen Informationen.

Wenn Sie einen Block trennen müssen, weil er auf die nächste Seite übergeht, empfiehlt es sich, die Überschrift noch einmal zu wiederholen. So findet sich der Leser besser zurecht und muss nicht ständig zurückblättern. Unsere Bewerberin hat das genau richtig gemacht. Prinzipiell ist es nicht schön, einen Block zu teilen, aber manchmal lässt sich das nicht verhindern. Ein Kurzprofil wäre außerdem sinnvoll, da die Bewerberin viel zu bieten hat.

Bewerbungsmuster für einen Ausbildungsplatz zum/zur Kaufmann/-frau für Marketingkommunikation

Dreijährige, duale Berufsausbildung in Betrieb und Berufsschule
Anerkannter Ausbildungsberuf

Hier arbeiten Kaufleute für Marketingkommunikation
- Werbe- oder PR-Agenturen
- Gemeinnützige Organisationen
- Beratungsfirmen
- Werbefachverbände

Tätigkeitsbereiche
- Arbeiten in der Werbung, im Direktmarketing sowie in der Verkaufsförderung
- Beobachten und analysieren Märkte und Kunden beziehungsweise Zielgruppen
- Entwickeln Kommunikationskonzepte
- Betreiben Öffentlichkeitsarbeit
- Organisieren Events oder Sponsoring-Veranstaltungen
- Nutzen Multimedia bei ihren Aufgaben

Vergütung in der Ausbildung
Rund 500 bis 800 Euro im Monat (erstes bis drittes Lehrjahr)

Voraussetzungen
Realschulabschluss oder Abitur, in Ausnahmefällen Hauptschulabschluss

Hilfreiche Soft Skills und Fähigkeiten

- Kommunikationsfähigkeit
- Belastbarkeit
- Kundenorientierung
- Serviceorientierung
- Organisationstalent
- Fremdsprachenkenntnisse
- Kontaktfreudigkeit
- Interkulturelle Kompetenzen
- Verhandlungsgeschick

Alternative Ausbildungsberufe

- Medienkaufmann/-frau Digital und Print
- Kaufmann/-frau Dialogmarketing
- Fachangestellte/-r für Markt- und Sozialforschung

Tipps für die Bewerbung um eine Lehrstelle als Kaufmann/-frau für Marketingkommunikation

- Gehen Sie auf die eigene Kommunikationsstärke ein.
- Betonen Sie Ihre Kreativität und Ihren Ideenreichtum.
- Arbeiten Sie Ihr Organisationstalent heraus.

Talsia Kiki Badri

Konderstraße 17a, 10115 Berlin

(030) 8334944 und (0161) 7562298, Talsiabadri@web.de

An
Brand Concept Agency
Herrn Schander
Hegerstraße 22c
10134 Berlin

Berlin, 3. Februar 2012

Bewerbung um eine Ausbildungsstelle zur Kauffrau für Marketingkommunikation/unser Telefonat vom 2. Februar 2012

Sehr geehrter Herr Schander,

erst einmal vielen Dank für das nette und informative Gespräch gestern. Ich habe noch lange über unsere Unterhaltung nachgedacht und bin zu dem Entschluss gekommen, dass die Brand Concept Agency mit ihrer internationalen Ausrichtung genau das Richtige für mich ist. Und ich kann mir sehr gut vorstellen, drei Monate meiner Ausbildung in Ihrer britischen Dependance in Manchester zu verbringen.

Ich arbeite gerne mit Sprachen und internationalen Menschen, ich bin kreativ, aber zielstrebig. Das habe ich vor allem bei meinem Job als Ferienaushilfe bei einer Event-Agentur festgestellt und unter Beweis stellen können. Neben der Organisation von Events und Veranstaltungen habe ich mitgeholfen, Info- und Werbeflyer zu entwerfen und zu gestalten. Hier konnte ich meine Ideen einbringen – einige davon wurden auch tatsächlich übernommen.

Daher würde ich mich freuen, wenn ich meine Ausbildung in Ihrer Agentur absolvieren und meine Ideen bei Ihren Projekten einbringen könnte.

Ich würde mich über ein persönliches Gespräch mit Ihnen freuen. Für weitere Fragen stehe ich Ihnen gerne zur Verfügung.

Mit freundlichen Grüßen

Talsia Badri

Anlagen: Lebenslauf, Zeugnisse und Beurteilungen

Lebenslauf

Talsia Kiki Badri
Konderstraße 17a, 10115 Berlin
(030) 8334944 und (0161) 7562298, Talsiabadri@web.de

Persönliche Daten

Talsia Badri

geboren am 12. Oktober 1994 in Dumiat, Ägypten
ledig, deutsch
Vater Kamal (ägyptisch), Mutter Anna (deutsch)
2 Geschwister

(Bewerbungsfoto)

Kurzprofil

- Abitur im Sommer 2012 (Note voraussichtlich 2,3)
- Muttersprachen Deutsch und Englisch
- fließend Arabisch, gute Französischkenntnisse
- erste Erfahrungen durch Praktikum und Ferienjob
- gute Computerkenntnisse
- engagiert, offen, kommunikationsstark
- interkulturelle Kompetenzen

Praktische Erfahrung

Juni und Juli 10 Event-Agentur Molker, Berlin
Ferienaushilfe
- Mithilfe bei der Organisation von Veranstaltungen
- Flyergestaltung, Druck- und Kopierarbeiten
- Vor-Ort-Betreuung

Praktikum

April 10 Kanzlei Rechtsanwalt Dr. Luger, Berlin
Berufsschnupperpraktikum (2 Wochen)
- Schreibarbeiten, Mandantenbriefe
- Aktenablage, Einsortieren
- Gesetzessammlungen aktualisieren

Schule

seit August 04	Goethe-Gymnasium, Berlin Abschluss: Abitur, Note 2,3 (voraussichtlich) Leistungsfächer: Englisch, Deutsch (sehr gut) Wahlfächer: Wirtschaft (gut) Lieblingsfächer: Englisch, Kunst (sehr gut) Sonstiges: Theatergruppe, Organisationsteam Abi-Feier

Grundschule

Juli 00 bis Juni 04	Thomas-Mann-Grundschule, Berlin

IT-Kenntnisse

Word, Outlook	gut
PowerPoint	gut
Internet, Facebook	sehr gut

Sprachkenntnisse

Deutsch, Englisch	Muttersprachen
Arabisch	fließend
Französisch	gut

Sonstiges

seit September 09	Nachbarschaftshilfe Berlin Übersetzungshilfe Deutsch-Arabisch Hundesitten

Interessen

Pferde, Reiten
Musik

Berlin, 3. Februar 2012

Talsia Badri

Kommentar zur Bewerbung

Das Gespräch mit dem Leiter oder einem anderen Mitarbeiter der Agentur hat Talsia Badri viel gebracht. Der Einstieg ins Anschreiben fiel ihr leichter und sie weiß schon, dass zur Ausbildung ein dreimonatiger Aufenthalt in der britischen Niederlassung der Agentur gehört. Das hätte sie ansonsten wohl nicht ganz so einfach erfahren. So konnte sie auch gleich klarstellen, dass sie gerne nach Großbritannien gehen würde. Sprachliche Probleme wird es nicht geben, da sie im Lebenslauf vermerkt hat, dass Englisch eine ihrer Muttersprachen ist. Dass sie gerne mit Sprachen und internationalen Menschen arbeitet, passt ebenfalls ins Bild.

Die Bewerberin hat im Anschreiben erwähnt, dass einige ihrer Ideen im Rahmen ihres Aushilfsjobs von der Agentur übernommen wurden. So, wie sie es formuliert hat, erkennt der Leser sofort, dass es ihr nicht nur Spaß gemacht hat und sie engagiert bei der Sache war, sondern auch, dass sie unheimlich stolz auf ihren Beitrag war und generell sehr motiviert wirkt. Das zeichnet einen Bewerber aus und hebt ihn von anderen ab.

Gut ist, dass die Bewerberin nicht über ihre Arbeit im Berufspraktikum lästert, denn zu einem Bürojob gehört meist auch die eine oder andere langweilige und trockene Aufgabe. Wenn einem nichts Positives dazu einfällt oder man keinen positiven Bezug herstellen kann, erwähnt man eine solche Erfahrung besser nicht – vorausgesetzt natürlich, man hat etwas anderes zu bieten.

Bewerbungsmuster für einen Ausbildungsplatz zum/zur IT-Systemkaufmann/-frau

Dreijährige, duale Berufsausbildung in Betrieb und Berufsschule
Anerkannter Ausbildungsberuf

Hier arbeiten IT-Systemkaufleute

- EDV-Beratung/Unternehmensberatung
- Hersteller von Informations- und Telekommunikationstechnik
- IT-Branche, Softwareherstellung und -beratung
- Datenverarbeitungsdienstleister

Tätigkeitsbereiche

- Kundenberatung bei der Planung und der Anschaffung spezifischer IT-Lösungen (Computersysteme, Telefonanlagen usw.)
- Erstellen der Konzepte für die passenden Informations- und Telekommunikationslösungen
- Beschaffen von Hard- und Software
- Installieren und Übergabe der IT-Systeme
- Ansprechpartner für Kunden
- Durchführen von Schulungen und Einweisungen

Vergütung in der Ausbildung

750 bis 900 Euro im Monat (erstes bis drittes Lehrjahr)

Voraussetzungen

Realschulabschluss oder Abitur, in Einzelfällen Hauptschulabschluss

Hilfreiche Soft Skills und Fähigkeiten

- Kommunikationsfähigkeit
- Kundenorientierung
- Serviceorientierung
- Organisationstalent
- Verhandlungsgeschick
- Durchsetzungsvermögen
- Interkulturelle Kompetenzen

Alternative Ausbildungsberufe

- Fachinformatiker/-in
- Assistent/-in Informatik
- Informatikkaufmann/-frau

Tipp für die Bewerbung um eine Lehrstelle als IT-Systemkaufmann/-frau

- Heben Sie Ihren Bezug zu Computern und IT-Systemen hervor.
- Arbeiten Sie Ihre Erfahrungen im Bereich Kundengespräche ein.

Luz Garcia Alvarez

Kulterstraße 12, 06108 Halle
Mobil (01507) 2288674
Luz_Garcia_A@web.de

An
ITec Beratung
Herrn Alber
Mozartstraße 2
06110 Halle

Halle, 23. März 2012

Bewerbung um einen Ausbildungsplatz zum IT-Systemkaufmann
Ihre Anzeige bei Xing vom 19. März 2012, unser Telefonat heute

Sehr geehrter Herr Alber,

zuerst einmal vielen Dank für das freundliche und informative Telefonat heute. Dabei habe ich einige interessante und wichtige Informationen über die Ausbildung zum IT-Systemkaufmann in Ihrem Unternehmen erfahren, die mich darin bestärkt haben, mich bei Ihnen um eine entsprechende Ausbildung zu bewerben.

Seit ich als Kind meinen ersten Computer bekam, bin ich fasziniert von der Materie. Bald galt ich im Familien- und Verwandtenkreis als Experte und war gerne bei Kaufentscheidungen und technischen Fragen und Problemen behilflich.

Allerdings habe ich während meiner Praktika festgestellt, dass die Arbeit in einer IT-Abteilung nicht das ist, was ich möchte. Ich möchte nicht nur stur vor dem Bildschirm sitzen, sondern Kunden beraten, Ideen entwickeln, komplexe IT-Lösungen für Unternehmen erarbeiten und die Kunden im Alltag unterstützen.

Dafür ist es meiner Ansicht nach notwendig, sich ständig weiterzubilden und weiterzuentwickeln. Ihr Konzept der Ausbildung mit einem Mentor an der Seite gefällt mir deshalb sehr gut und ich würde mich freuen, wenn ich meine Ausbildung in Ihrem Betrieb absolvieren könnte.

Ich hoffe, ich konnte Sie von meiner Leidenschaft überzeugen und treffe Sie bald in einem persönlichen Gespräch. Für Fragen stehe ich Ihnen gerne zur Verfügung.

Mit freundlichen Grüßen

Luz Alvarez

Anlagen: Lebenslauf und Zeugnisse

Lebenslauf

Kulterstraße 12, 06108 Halle
Mobil (01507) 2288674
Luz_Garcia_A@web.de

(Bewerbungs-
foto)

Luz Garcia Alvarez

geboren am 12. Dezember 1993 in Halle
ledig, spanisch

Schule
seit Aug 04   Elisabeth Gymnasium, Halle
                     Abitur 2012, Note: 2,1
                     Schwerpunkte: Mathematik, Physik
                     Lieblingsfächer: Englisch, Informatik, Sport

Aug 00 bis Jun 04   St. Franziskus Grundschule, Halle

Praktika und Jobs
Jul 2011   Hermer & Söhne, Leipzig
                     Ferienjob in der IT-Abteilung (4 Wochen)
                     - Internetrecherche
                     - Serien-E-Mails und -E-Faxe verfassen und verschicken
                     - Listenabgleich (User, Mitarbeiter)
                     - Datentabellen anlegen und verwalten

Mai 2010   Stadtverwaltung, Halle
                     Schülerpraktikum im Umweltamt (2 Wochen)
                     - Aktualisierung des Vereins- und Verbandsverzeichnisses
                     - Mitarbeit bei der Erstellung eines Infoflyers zum Thema „Produkte aus der Region"
                     - Entnahme von Wasserproben

seit Okt 2009   Büroservice Hallmagler, Halle
                     Aushilfskraft
                     - Schreibarbeiten am PC
                     - Dokumentenablage

IT/EDV

MS Office, iWork, OpenOffice (sehr gut)
Photoshop (sehr gut)
Wordpress (sehr gut)
Orgamax (Grundkenntnisse)
Social Media: Facebook, Twitter, Youtube (sehr gut)

Sprachen

Deutsch (fließend)
Spanisch (Muttersprache)
Englisch (sehr gut)
Französisch (gut)

Sonstiges
seit Mai 2011

Sportakademie Halle, Halle
Bereich Breitensport
Übungsleiter Slacklining

Hobbys

Garagenmusik
Basketball
Slacklining

Halle, 23. März 2012

Luz Alvarez

Kommentar zur Bewerbung

Auch wenn sich der Einstieg in das Anschreiben etwas zieht: Unser Bewerber erinnert den Personalentscheider erst einmal an das persönliche Telefonat und zeigt, dass er keine Scheu hat, Kontakt aufzunehmen. Das ist gelungen, denn bislang kann unser Bewerber keine Erfahrungen mit Kunden vorweisen. Zudem ist ein erster persönlicher Kontakt immer gut.

Der Mittelteil des Anschreibens ist sehr gelungen, da es der Bewerber versteht, seine Leidenschaft und seine beruflichen Ziele darzustellen – und er sagt auch, was er nicht möchte.

Der Lebenslauf hat ein eher ungewöhnliches Layout, ist aber dennoch sehr ansprechend und einfach einmal etwas anderes. Gelungen ist das Layout auch deshalb, weil sehr viele Informationen auf der ersten Seite zu finden sind. Der Leser erfährt sofort, dass er es hier mit einem engagierten jungen Mann zu tun hat.

Da es sich in diesem Fall nicht anbietet, gezielt auf den eigenen Migrationshintergrund einzugehen, hat der Bewerber gut daran getan, andere Schwerpunkte zu setzen.

Insgesamt gehen wir auch hier davon aus, dass der Bewerber eine Einladung zur persönlichen Vorstellung erhält.

Bewerbungsmuster für einen Ausbildungsplatz zum/zur Bankkaufmann/-frau

Dreijährige, duale Berufsausbildung in Betrieb und Berufsschule
Anerkannter Ausbildungsberuf

Hier arbeiten Bankkaufleute

- Banken, Kreditinstitute
- Börsen
- Wertpapierhandel
- Bausparkassen
- Versicherungen

Tätigkeitsbereich

- Beraten Kunden in Geldangelegenheiten, zum Beispiel Anlagen, Kredite usw.
- Bearbeiten Firmen- und private Kredite
- Führen alltägliche Bankgeschäfte durch wie Überweisungen, Ein- und Auszahlungen
- Schließen Lebensversicherungen, Sparverträge usw. ab

Vergütung in der Ausbildung

700 bis 900 Euro im Monat (erstes bis drittes Lehrjahr)

Voraussetzungen

Realschulabschluss oder Abitur, in Ausnahmefällen Hauptschulabschluss

Hilfreiche Soft Skills und Fähigkeiten

- Kommunikationsfähigkeit
- Kundenorientierung
- Serviceorientierung
- Entscheidungsfähigkeit
- Verantwortungsbewusstsein
- Fremdsprachenkenntnisse
- Interkulturelle Kompetenzen
- Organisationstalent

Alternative Ausbildungsberufe

- Finanzassistent/-in
- Versicherungskaufmann/-frau
- Steuerfachangestellte/-r
- Investmentfondskaufmann/-frau

Tipps für die Bewerbung um eine Lehrstelle als Bankkaufmann/-frau

- Betonen Sie Ihre mathematischen Fähigkeiten.
- Bringen Sie Ihr Interesse am Bankwesen und an Bankgeschäften ein.
- Führen Sie Ihre eigenen Erfahrungen mit Bankgeschäften an (Aktienanlage, Planspiele usw.).

Teo Sukatis – Herzogstraße 35a – 80336 München – (089) 4657223

An die
Bavaria Bank
Frau Klöster
Innsbrucker Ring 237
80800 München

München, 12. Januar 2012

Bewerbung um einen Ausbildungsplatz zum Bankkaufmann zum September 2012 – Stellenanzeige auf Ihrer Homepage vom 10. Januar 2012

Sehr geehrte Frau Klöster,

mich interessieren Finanzen und faszinieren Zahlen. Ich verfolge stets die Börsennachrichten und nehme regelmäßig mit Klassenkameraden an den Planspielen Börse teil. Im vergangenen Jahr haben wir sogar den zweiten Platz belegt.

Meine Berufslaufbahn sehe ich im Bankenwesen und mein erster Schritt in diese Richtung soll nun eine Ausbildung zum Bankkaufmann sein. Zuerst möchte ich die Praxis kennenlernen, bevor ich eventuell ein Studium anschließe.

Während meines Praktikums bei der Sparkasse habe ich gelernt, wie viel Spaß mir der Umgang mit Kunden, die persönliche Beratung sowie die abwechslungsreichen Tätigkeiten und Aufgaben machen. Bei meinem Ferienpraktikum in einer Steuerberaterkanzlei habe ich vor allem den täglichen Kontakt zum Kunden beziehungsweise Mandanten vermisst.

Die Bavaria Bank ist meine Hausbank und der Umgang mit mir als Kunde gefällt mir besonders gut, denn er ist noch eine Spur persönlicher und intensiver als ich das bei meinem Sparkassen-Praktikum kennengelernt habe. Zudem habe ich in Gesprächen mit Mitarbeitern erfahren, dass die Bavaria Bank bei der Ausbildung ihrer Azubis besonderen Wert auf Selbstständigkeit und Eigeninitiative legt – zwei Punkte, die mir sehr wichtig sind.

Ich würde mich daher freuen, meine Ausbildung in Ihrem Haus zu machen, und freue mich auf ein persönliches Gespräch. Für Fragen stehe ich Ihnen gerne zur Verfügung.

Mit freundlichen Grüßen

Teo Sukatis

Anlagen: Lebenslauf und Zeugnisse

Lebenslauf Teo Sukatis

Persönliche Daten

Name	Teo Sukatis
Anschrift	Herzogstraße 35a, 80336 München
Telefon	(089) 4657223
E-Mail	Teo.Sukatis@webmail.de
Geburtstag und -ort	24. Mai 1994, München
Nationalität	deutsch
Geschlecht	männlich
Familienstand	ledig, 2 Geschwister

(Bewerbungsfoto)

Schule

seit Sep 04　　Heide-Gymnasium, München
Abschluss: Abitur, voraussichtlich Sommer 2012
erwartete Note: 2,0–2,4
Schwerpunkte: Englisch, Mathematik

Sep 00 bis Aug 04　　Volksschule am Gärtnerplatz

Praktische Erfahrungen

Jul 11　　Kanzlei Geiger & Partner, Steuerberater, München
freiwilliges Ferienpraktikum, 3 Wochen
- Aktenablage
- Kostenaufstellungen
- Belege sortieren
- Mandantenpost sondieren beziehungsweise bearbeiten

Mai 10　　Stadtsparkasse, München
Schnupperpraktikum, 2 Wochen (Pflichtpraktikum)
- erste Kundenbetreuung
- Abwicklung von Ein- und Auszahlungen
- Abwicklung von Überweisungen (vorcodieren usw.)
- Postdienst (sortieren und frankieren)

seit Jan 10　　Butter und Brot, München
Bäckerei mit kleinem Restaurantbereich
Aushilfskraft am Wochenende
- Verkauf und Beratung
- Catering

Sprachkenntnisse

Deutsch und Griechisch	Muttersprachen
Englisch	sehr gut
Französisch	gut

Computerkenntnisse

MS Word	gut
Photoshop	gut
DATEV	Grundkenntnisse
E-Mail, Internet	sehr gut

Sonstiges

Planspiel Börse (2011)	2. Platz, bayernweit
Planspiel Börse (2010)	5. Platz, bayernweit

Interessen

Börse
Skifahren
Leichtathletik

München, 12. Januar 2012

Teo Sukatis

Kommentar zur Bewerbung

Kundenkontakt und persönliche Beratung im Bereich Finanzanlagen sind dem Bewerber wichtig. Dieser Aspekt zieht sich wie ein roter Faden durch das gesamte Anschreiben. Normalerweise sollte man sich nicht so auf einen Punkt fokussieren, doch die Bavaria Bank scheint den ganz persönlichen Kundenkontakt sehr ernst und wichtig zu nehmen – und so ist auch der Schwerpunkt richtig gesetzt. Sein Anschreiben rundet der Bewerber mit persönlichen Interessen und Fähigkeiten ab (Finanzen, Zahlen, Selbstständigkeit und Eigeninitiative), das kommt gut an.

Im Lebenslauf finden sich alle wichtigen Informationen direkt auf der ersten Seite, das erleichtert dem Leser die Arbeit. Die Computerkenntnisse des Bewerbers sind unüblich umfangreich für einen Schulabgänger, gehören aber alle in die Bewerbungsunterlagen.

Auch hier bietet es sich nicht an, den Migrationshintergrund gesondert zu erwähnen. Manchmal passt es einfach nicht und es sollte dann auch nicht erzwungen werden. Eine Brücke zu griechischen Kunden aufzubauen wäre hier etwas zu konstruiert. Der Bewerber hat mit seinen Extrameilen – zusätzliches Praktikum beim Steuerberater, seine Tätigkeit bei Butter und Brot, zweite Muttersprache, umfangreiche IT-Kenntnisse sowie seinen Teilnahmen an den Planspielen Börse – viel zu bieten. Er weiß, wohin er möchte, und kann dies auch gut verkaufen.

> **! ACHTUNG — NEHMEN SIE SINNVOLLE AKTIVITÄTEN IN DEN LEBENSLAUF AUF**
>
> Aktivitäten wie die Teilnahme am Planspiel Börse gehören auch dann in den Lebenslauf oder in das Anschreiben, wenn sie nichts mit der angestrebten Ausbildungsstelle zu tun haben. Das gilt vor allem dann, wenn es sich um eine Gemeinschaftsleistung handelt. Damit unterstreichen Bewerber beispielsweise ihre Teamfähigkeit.

Bewerbungsmuster für einen Ausbildungsplatz zum/zur Kaufmann/-frau für Spedition und Logistikdienstleistung

Dreijährige, duale Berufsausbildung in Betrieb und Berufsschule
Anerkannter Ausbildungsberuf

Hier arbeiten Speditionskaufleute

- Speditionen
- Unternehmen, vor allem im Bereich Lagerwirtschaft beziehungsweise Güterbeförderung oder Logistik
- Frachtfluggesellschaften
- Paket- und Kurierdienste

Tätigkeitsbereich

- Planen und organisieren im Bereich Güterversand: Transport, Umschlag und Lagerung
- Kundenberatung, Kundenkorrespondenz
- Kostenermittlung
- Zollabwicklung

Voraussetzungen

Realschulabschluss oder Abitur, in Ausnahmefällen Hauptschulabschluss

Vergütung in der Ausbildung

380 bis 700 Euro (erstes bis drittes Lehrjahr)

Hilfreiche Soft und Fähigkeiten

- Kommunikationsfähigkeit
- Organisationstalent
- Zeitmanagement
- Interkulturelle Kompetenzen
- Verantwortungsbewusstsein
- Sorgfalt
- Flexibilität
- Fremdsprachenkenntnisse
- EDV-Kenntnisse

Alternative Ausbildungsberufe

- Luftverkehrskaufmann/-frau oder Schifffahrtskaufmann/-frau
- Kaufmann/-frau für Verkehrsservice/für Eisenbahn und Straßenverkehr
- Industriekaufmann/-frau
- Kaufmann/-frau Groß- und Außenhandel

Tipps für die Bewerbung um eine Lehrstelle als Kaufmann/-frau für Spedition und Logistikdienstleistung

- Bauen Sie Ihre Kommunikationsstärke ein.
- Weisen Sie auf besondere Sprachkenntnisse hin.
- Sprechen Sie Ihre interkulturellen Kompetenzen an.
- Erwähnen Sie Ihr Talent für Organisation und Zeitmanagement.

Enis Acar

Wurzweg 3, 76131 Karlsruhe
Tel.: (07 21) 5 27 52 89, E-Mail: enis.acar@web.de

An
Logistik Partner GmbH
Frau Zuger
Untere Au 1–3
76227 Karlsruhe

Karlsruhe, 5. März 2012

Bewerbung um eine Ausbildungsstelle zum Kaufmann für Spedition und Logistikdienstleistung, Ihre Anzeige bei kimeta.de vom 2. März 2012

Sehr geehrte Frau Zuger,

während meines Berufspraktikums in der Einkaufsabteilung der Firma Hager habe ich einmal mehr festgestellt, dass ich gerne Dinge plane und organisiere. Der Kontakt zu internationalen Kunden und die notwendigen Abstimmungen bei Einfuhr, Lieferung und Abwicklung des Transports haben mich auf die Idee gebracht, mir den Beruf des Speditionskaufmanns einmal genauer anzusehen.

Bei einem zweitägigen Besuch bei einem Speditionsunternehmen in Stuttgart, in dem mein Onkel arbeitet, habe ich einen Einblick in das Tagesgeschäft bekommen. Vor allem der ständige Kontakt mit internationalen Kunden und die Aufgaben rund um die Zollabfertigung haben mich fasziniert.

Als Speditionskaufmann kann ich nicht nur mein Organisationstalent einsetzen, sondern auch meine Fremdsprachenkenntnisse. Auf Ihren Internetseiten habe ich gesehen, dass Sie viele türkische Kunden haben. Neben meinen Muttersprachen Deutsch und Türkisch bringe ich auch sehr gute Englisch- und gute Französischkenntnisse mit und könnte mich daher in Ihrem Unternehmen gut einbringen. Als Mitglied des Festkomitees unserer Schule habe ich auch die Aufgabe übernommen, die Eltern türkischer Mitschüler bei Schulfesten und -veranstaltungen einzubinden.

Ich hoffe, ich habe Sie neugierig auf mich gemacht, und würde mich freuen, Sie bald persönlich bei einem Vorstellungstermin zu treffen.

Mit freundlichen Grüßen

Enis Acar

Anlagen: Lebenslauf, Zeugnisse und Referenzen

Lebenslauf

Wurzweg 3, 76131 Karlsruhe
Tel.: (07 21) 5 27 52 89, E-Mail: enis.acar@web.de

Enis Acar

geboren am 6. Oktober 1995, Heilbronn
türkisch, ledig

(Bewerbungs-
foto)

Schule

seit Sep 06	Rieder Realschule, Karlsruhe Realschulabschluss im Sommer 2012, Note vorauss. gut Lieblingsfächer: Englisch, Geschichte Französisch-AG
Sep 02 bis Aug 06	Sonnenschule, Karlsruhe

Praktische Erfahrungen

Aug 11	Transpol GmbH, Stuttgart 2-tägiger Besuch beim Speditionsunternehmen mit Blick in verschiedene Verwaltungsabteilungen
Mai 11	Hager GmbH, Karlsruhe Berufspraktikum, Abteilung Einkauf (3 Wochen) • Produkt- und Preisvergleich, Internetrecherche • Bestellungen, auch mit internationalen Lieferanten • Abrechnungsabgleich • Bestandslistenabgleich, Ablage
seit Sep 09	Rieder Realschule, Karlsruhe Mitglied des Schulfestkomitees • Planung der Verpflegung für Schulfeste und andere Veranstaltungen • Mitarbeit bei Spendensammlungen für Lotterie und Spiele • Fahrdienstorganisation

Sprachkenntnisse

Deutsch, Türkisch	fließend (Muttersprachen)
Englisch	sehr gut
Französisch	gute Schulkenntnisse

IT-Kenntnisse

MS Word, Excel	gut
E-Mail, Internet	sehr gut

Hobbys

Squash, Fußball
Englischsprachige Literatur (Science-Fiction)

Karlsruhe im März 2012

Enis Acar

Kommentar zur Bewerbung

Das Anschreiben macht einen selbstbewussten Eindruck und ist sehr aussagekräftig. Der Bewerber erklärt, warum er Speditionskaufmann werden möchte, und zeigt, dass er sich informiert hat (auch auf den Unternehmensseiten). Zudem bringt er die möglichen Vorteile seines Migrationshintergrunds (Sprachkenntnisse und interkulturelle Kompetenzen) ins Spiel. Es kann sein, dass es manchem Personalentscheider zu geballt erscheint, aber so wird wohl die Neugier des Lesers geweckt.

Die persönlichen Angaben im Lebenslauf sind ein wenig knapp ausgefallen. Wer keine Informationen über Eltern, Konfession und so weiter preisgeben möchte, muss dies auch nicht unbedingt tun – unser Bewerber wird wohl seine Gründe haben.

Normalerweise ist es eher unüblich, Aktivitäten wie die Mitgliedschaft im Schulfestkomitee oder einen Besuch bei einem Unternehmen unter den beruflichen beziehungsweise praktischen Erfahrungen aufzulisten. In Fällen wie diesen ist es aber durchaus angebracht und verständlich. Denn der Bewerber möchte schon auf der ersten Seite des Lebenslaufs zum einen auf sein Organisationstalent aufmerksam machen und zum anderen erklären, wie er seine Berufswahl getroffen hat. Wenn die thematische Zuordnung stimmt, kann und darf man die Strukturen des Lebenslaufs durchaus auch einmal aufweichen.

Der Lebenslauf an sich ist knapp, aber gut und nicht zu aufdringlich. Inhaltlich hat er trotz der Kürze einiges zu bieten. Das selbstbewusste, aber gelungene Anschreiben rundet die Bewerbungsmappe ab und wir denken, dass sich der Bewerber auf eine positive Rückmeldung und eine Einladung zum Vorstellungsgespräch freuen darf.

Das Vorstellungsgespräch

Viele Bewerber machen den Fehler, unvorbereitet in Bewerbungsgespräche zu gehen. Meist wissen sie nur wenig über den Beruf und noch weniger über den Betrieb, bei dem sie sich beworben haben. Und auch über die eigene Motivation und die eigenen Ziele haben nur wenige im Vorfeld einmal nachgedacht. Das hinterlässt keinen guten Eindruck.

Bereiten Sie sich auf solche Gespräche vor, indem Sie Informationen über das Unternehmen und die Branche sammeln, um die es geht. Niemand wird von einem Schulabgänger detaillierte Kenntnisse erwarten, aber ein wenig Hintergrundwissen sollte vorhanden sein.

Auch auf die Fragen, die in einem Bewerbungsgespräch auf Sie zukommen werden, können Sie sich vorbereiten. Überlegen Sie sich Antworten zu folgenden Fragen und formulieren Sie sie zu Übungszwecken mündlich und laut aus.

- Warum wollen Sie in unser Unternehmen?
- Was reizt Sie an dem Beruf?
- Warum glauben Sie, dass Sie für diesen Beruf geeignet sind?
- Wo sind Ihre Stärken?
- Was wollen Sie in fünf Jahren machen?
- Warum haben Sie in (Mathematik) so schlechte Noten?
- Welchen Stellenwert hat Arbeit für Sie?
- Welche Erwartungen haben Sie an die Ausbildung?
- Welche Erwartungen haben Sie an unser Unternehmen?
- Wie sieht für Sie ein guter Arbeitgeber aus?
- Wie sieht für Sie ein guter Arbeitsplatz, ein gutes Arbeitsklima aus?

Prinzipiell haben alle Bewerber mit den gleichen Fragen zu rechnen, egal, ob sie einen Migrationshintergrund haben oder nicht. Dennoch sollten diejenigen mit Migrationshintergrund genauer überlegen, wo ihre interkulturellen Kompetenzen liegen, und sich zudem das eine oder andere Beispiel überlegen, wann und wie sie diese unter Beweis stellen konnten. Das lohnt sich auf jeden Fall. Auch wenn Sie nicht danach gefragt werden, können Sie Ihre Fähigkeiten in diesem Bereich geschickt ins Gespräch einbauen und damit zusätzlich punkten.

> **! ACHTUNG BLEIBEN SIE IMMER LOCKER UND FREUNDLICH**
>
> Vor allem männliche jugendliche Bewerber würden versuchen, im Bewerbungsgespräch besonders lässig, cool und unnahbar zu wirken, so die Berufsberater der Bundesagentur für Arbeit. Das komme in den meisten Fällen nicht gut an. Achten Sie darauf, dass Sie sich weder zu cool noch zu verschlossen geben. Setzen Sie sich gerade hin und nehmen Sie eine offene und freundliche Haltung ein. Sie müssen angesichts der angespannten Situation ja nicht künstlich lächeln, aber machen Sie ein freundliches Gesicht, das wirkt ansprechender.

Buchtipps zur Vorbereitung auf die Vorstellungsgespräche

- „101 Fragen und Antworten im Vorstellungsgespräch" von Claus Peter Müller-Thurau, Haufe Verlag 2011
- „Testbuch Vorstellungsgespräche" von Claus Peter Müller-Thurau, Haufe Verlag 2009
- „Vorstellungsgespräch" von Christian Püttjer und Uwe Schnierda, Campus Verlag 2006

Einstellungstests

Insbesondere in Großunternehmen und internationalen Konzernen werden neben Bewerbungsgesprächen verschiedene Tests mit den Bewerbern durchgeführt. Während bei der Bertelsmann AG beispielsweise ein Diktat auf der Tagesordnung steht, fragen andere Unternehmer das Allgemeinwissen und die berufsspezifischen Fähigkeiten ab.

Wie solche Tests aussehen und wie man sie erfolgreich besteht, verraten zum Beispiel Doris und Frank Brenner in ihrem Ratgeber „Einstellungstests sicher bestehen", erschienen im Haufe Verlag 2010.

Mit diesen Büchern können Sie sich zusätzlich auf Ihre Einstellungstests vorbereiten:

- „Testaufgaben. Das Übungsprogramm: Einstellungs- und Auswahltests erfolgreich bestehen" von Jürgen Hesse und Hans Christian Schrader, erschienen im Eichborn Verlag 2009.

- „Testtrainer für alle Arten von Einstellungstests, Eignungstests und Berufseignungstests: Geeignet für Ausbildung, Beruf und Studium" von Kurt Guth und Marcus Mery, erschienen bei Ausbildungspark 2011.

- „Trainingsmappe Einstellungstest Ausbildungsplatzsuche" von Christian Püttjer und Uwe Schnierda, erschienen im Campus Verlag 2008.

In kleinen Betrieben sind schriftliche Tests eher unüblich, das Bewerbungsgespräch mit dem Chef oder einem Mitarbeiter zählt. Rechnen Sie hier damit, dass wahrscheinlich ein paar Probearbeitstage stattfinden werden, an denen sich der Ausbilder ein Bild von Ihren Talenten und Qualitäten machen kann – genauso wie von Ihrer Persönlichkeit.

Der abschließende Bewerbungs-Check

Wenn Sie Ihre Bewerbungsunterlagen fertig gestellt haben, überprüfen Sie sie noch einmal mithilfe unserer Checklisten, bevor Sie sie zum potenziellen neuen Arbeitgeber schicken. Achten Sie bei der Durchsicht vor allem auch auf Flüchtigkeitsfehler, die schleichen sich immer wieder gerne ein.

ÜBERPRÜFEN SIE IHR DECKBLATT ✓

Ist Ihr Bild ansprechend und etwas oberhalb der Mitte platziert? Am besten wählen Sie ein Bild im Hochformat. ☐

Haben Sie darauf geachtet, dass Schriftart, Größe sowie das generelle Layout Ihrer übrigen Bewerbungsunterlagen mit dem Deckblatt abgestimmt sind, sodass ein einheitliches Erscheinungsbild entsteht? ☐

Haben Sie alle notwendigen persönlichen Daten wie Namen, Anschrift, Telefon, Handy, E-Mail eingefügt? ☐

Haben Sie an den Namen des Unternehmens, bei dem Sie sich bewerben gedacht? Auch daran, dass Sie sich dort um eine Lehrstelle bewerben? ☐

ÜBERPRÜFEN SIE IHR ANSCHREIBEN ✓

Haben Sie auch hier alle notwendigen persönlichen Daten wie Name, Anschrift, Telefon, Handy, E-Mail eingefügt? ☐

Haben Sie die richtige Anschrift und den oder die passenden Ansprechpartner verwendet und alles korrekt geschrieben? ☐

Sind Ort und Datum rechtsbündig ausgerichtet? ☐

Beinhaltet die Betreffzeile, dass Sie sich um eine Ausbildungsstelle bewerben? Haben Sie die Betreffzeile gefettet? ☐

Sprechen Sie Ihren Ansprechpartner an, zum Beispiel mit „Sehr geehrter Herr Müller"? ☐

Haben Sie einen eingängigen und aussagekräftigen Einstieg gefunden? Wenn ein Gespräch mit dem Personalentscheider/Chef vorangegangen ist, nehmen Sie darauf Bezug? ☐

Erklären Sie, warum Sie gerade eine Ausbildung in diesem Beruf/Bereich machen möchten? Was Sie daran reizt, was Ihnen gefällt? ☐

Haben Sie erwähnt, warum Sie Ihre Ausbildung gerade in diesem Unternehmen machen möchten? ☐

Haben Sie angeführt, warum Sie für diese Stelle geeignet sind und warum der potenzielle Arbeitgeber sich ausgerechnet für Sie entscheiden sollte? ☐

Wenn Sie bereits Erfahrungen gesammelt haben (Berufspraktika, Nebenjobs usw.), sind Sie darauf eingegangen? ☐

Sind Sie gegebenenfalls auf Unklarheiten im Lebenslauf eingegangen und haben diese hinreichend erklärt (Lücken, fehlende Zeugnisse usw.)? ☐

Sind die Anlagen aufgeführt: Lebenslauf, Zeugnisse, Zertifikate, gegebenenfalls Arbeitsproben? ☐

Haben Sie genügend Absätze eingebaut, damit das Schreiben übersichtlich und aufgelockert wirkt? ☐

Haben Sie das Schreiben sorgfältig auf Rechtschreib- und Grammatikfehler überprüft? ☐

Der abschließende Bewerbungs-Check

Sind alle Sätze und Aussagen schlüssig und verständlich? ☐

Ist Ihr Anschreiben maximal eine Seite lang? ☐

ÜBERPRÜFEN SIE IHRE GESAMTE MAPPE ✓

Ist das Layout der Bewerbung einheitlich und stimmig? ☐

Stimmt die Schriftgröße (zwischen 10 und 12 pt)? Haben Sie eine der gängigen Schriftarten verwendet? ☐

Sind die Sätze grammatikalisch richtig? Keine Rechtschreibfehler? Alle Kommas richtig? Hat ein Freund, Lehrer oder Bewerbungsprofi die Bewerbung gegengelesen? ☐

Ist der Schnell- oder Klemmhefter neu und ordentlich? Sind alle Unterlagen knick- und fleckfrei? ☐

Sind die Zeugnisse ordentlich kopiert oder gescannt (keine Streifen und gut lesbar)? ☐

Haben Sie die Bewerbung in einen DIN-A4-Umschlag eingetütet? (Bewerbung niemals knicken!) ☐

Stimmt die Anschrift des potenziellen Arbeitgebers? Ist auch die richtige Bewerbung im Umschlag? Bewerbung nicht als Einschreiben verschicken, sondern auf dem normalen Postweg! ☐

Haben Sie die Bewerbungsunterlagen als pdf formatiert, damit Sie sie als E-Mail-Bewerbung oder online verschicken können? Stimmt die E-Mail-Adresse des Empfängers? ☐

✓ ÜBERRÜFEN SIE IHREN LEBENSLAUF

Haben Sie ein übersichtliches Layout gewählt, sodass sich der Leser schnell zurechtfindet? ☐

Haben Sie auch hier alle notwendigen Kontaktdaten wie Namen, Anschrift, Telefon, Handy, E-Mail eingefügt? ☐

Sind die zusätzlichen persönlichen Daten wie Geburtsdatum und -ort, Familienstand, Nationalität, eventuell Konfession, eventuell Eltern und Geschwister usw., enthalten? ☐

Sind alle Zeitangaben monatsgenau, vollständig und einheitlich gestaltet? ☐

Ist der Lebenslauf lückenlos? Folgen die einzelnen Stationen lückenlos direkt aufeinander? ☐

Sind der zu erwartende Abschluss und die Note genannt? Lieblingsfächer, Schwerpunkte? Sonstige schulische Aktivitäten wie Chor, Theatergruppe, Schülerzeitung, Streitschlichter, Schülersprecher usw.? ☐

Sind alle Blöcke vorhanden (persönliche Daten, Schulausbildung, Praktika, sonstige relevante berufliche Erfahrungen, IT-Kenntnisse, Sprachkenntnisse, Ehrenämter, soziales Engagement, Hobbys und sonstige Aktivitäten)? ☐

Haben Sie bei Praktika an die Inhalte gedacht? Sind diese übersichtlich mit Bullet-Points aufgeführt? ☐

Stehen unter dem Lebenslauf Ort und Datum? Und Ihre Unterschrift? ☐

HABEN SIE IHRE INTERKULTURELLEN FÄHIGKEITEN EINGEARBEITET?

Haben Sie sich Gedanken über Ihre ganz persönlichen interkulturellen Fähigkeiten gemacht? ☐

Haben Sie diese entweder ins Anschreiben eingearbeitet oder in den Lebenslauf einfließen lassen? ☐

Haben Sie diese mithilfe eines konkreten Beispiels belegt? ☐

Sind Fremdsprachen in dem Beruf, den Sie erlernen möchten, wichtig? Wenn ja, sind Sie darauf im Anschreiben eingegangen? ☐

Erfahrungsberichte

Erfahrungsbericht einer Friseurmeisterin

Sicherlich wird man als Türkin nicht überall mit offenen Armen aufgenommen, aber ich habe eigentlich nur sehr gute Erfahrungen bei meiner Suche nach einer Lehrstelle gemacht. Na ja, wenn ich ehrlich bin, erst bei meiner zweiten Suche, eigentlich wollte ich Kfz-Mechanikerin werden. Aber da habe ich leider keine Ausbildungsstelle bekommen, sondern nur Absagen. Das erleben auch deutsche Mädchen, denn Kfz-Mechaniker, das ist eben immer noch ein klassischer Männerberuf.

Mein Vorteil bei der Lehrstellensuche war sicher, dass mein Hauptschulabschluss ganz okay war (Note 2,4) und dass ich sehr gut Deutsch spreche. Man hört meinen Akzent kaum. Und ich bin ein aufgeschlossener Mensch, kommunikationsstark. Als Friseurin muss man das sein, schließlich muss man sich ja mit den Kunden unterhalten können.

Hier in unserem kleinen Ort gibt es nicht so viele Ausbildungsstellen und auch keine so große Auswahl. Man muss nehmen, was einem angeboten wird. Also habe ich mir mehrere Berufe herausgesucht, in denen ich mir vorstellen konnte zu arbeiten: Hebamme, Verkäuferin, Friseurin und Krankenschwester. Ich dachte mir, es ist wichtig, offen zu sein. Ehrlich gesagt habe ich dann nur vier Bewerbungen geschrieben, von der für die Ausbildung zur Kfz-Mechanikerin mal abgesehen.

Meine Bewerbungen habe ich alle an deutsche Betriebe geschickt. Ich habe vier Zusagen bekommen und mich entschieden, Friseurin zu werden. Nach meiner Ausbildung habe ich bei meinem Ausbilder noch sieben Jahre lang gearbeitet, meine Meisterprüfung abgelegt und später meinen eigenen Salon hier im Ort eröffnet. Inzwischen bin ich verheiratet, habe Kinder und arbeite gerne als selbstständige Friseurin.

Songül D.

Erfahrungsbericht eines Lackierers

Zugegeben, mein Schulabschluss war mit 3,6 nicht gerade der beste. Das war mir schon klar. Ich wollte etwas mit Autos machen, etwas Kreatives. Und so bin ich auf den Beruf Autolackierer gekommen. Mit meinem nicht gerade berauschenden Hauptschulabschluss musste ich mir da was einfallen lassen. Ich habe Praktika und Probearbeitstage gemacht, um zu zeigen, was in mir steckt und dass ich ein guter und zuverlässiger Mitarbeiter bin.

Am Ende habe ich zwei Bewerbungen geschrieben – eine an einen deutschen Betrieb und eine an einen italienischen. Das Probearbeiten hat wirklich geholfen und ich hätte beide Ausbildungsplätze haben können. Ich habe mich dann für den italienischen Betrieb entschieden. Nicht, weil das kein deutscher Betrieb war, sondern weil es mir dort einfach besser gefallen hat.

Nach meiner Lehre, die ich erfolgreich abgeschlossen habe, bin ich dann in einen deutschen Betrieb gegangen. Dort arbeite ich immer noch. Ich habe mich nur um Lehrstellen als Autolackierer beworben und bin echt froh, dass das direkt geklappt hat!

Eyüp B.

Erfahrungsbericht einer Erzieherin

Da ich gerne mit Kindern zusammen bin, konnte ich mir ganz gut vorstellen, Erzieherin zu werden. Das Arbeitsamt hat mir eine Praktikumsstelle in einer Kindertagesstätte vermittelt, damals habe ich sogar ein kleines Taschengeld dafür bekommen. Mir hat die Zeit dort gut gefallen und so entschied ich mich dazu, Erzieherin zu werden.

Ganz leicht war das nicht, denn ich hatte nur einen Hauptschulabschluss. Für die schulische Ausbildung zur Erzieherin brauchte ich aber einen Realschulabschluss, deshalb habe ich ein Berufsvorbereitungsjahr gemacht.

Das Berufsvorbereitungsjahr hat mir gut getan. Für meine Ausbildung, die ich am Ende mit 1,6 abgeschlossen habe, sowie für die Bewerbung an der Berufsfachschule, einem Sozialpädagogischen Institut. Ich hatte während des Berufsvorbereitungsjahrs ein Praktikum absolviert und mit meinen anderen Erfahrungen (Schnupperpraktikum und Babysitten) bekam ich tatsächlich einen Ausbildungsplatz.

Wichtig ist auf jeden Fall, dass man sich selbst voranbringt, mit einem Schnupperpraktikum oder mit Probearbeitstagen beispielsweise. Und immer daran denken, sich Zeugnisse für diese Zeit ausstellen zu lassen, denn das erhöht die Chancen, einen Ausbildungsplatz zu erhalten.

Ich spreche fließend Deutsch und Türkisch. Deutsch ist für mich eigentlich auch wie eine Muttersprache. Das hat mir schon bei meinem Vorstellungsgespräch in der Berufsfachschule geholfen. Man kann sich einfach besser ausdrücken und Dinge besser erklären. Deshalb kann ich nur raten, lernt Deutsch!

Meine Erfahrungen bei der Suche nach einer Lehrstelle waren eigentlich okay, etwas schwieriger war es dann, danach eine Stelle zu kriegen. Ich bin Muslima und kriege daher bei kirchlichen Kindergärten und Einrichtungen keine Anstellung.

Inzwischen arbeite ich in einem städtischen Kindergarten. Meine Zweisprachigkeit hilft mir zum Beispiel beim Umgang mit Kindern türkischer Nationalität, die noch nicht so gute Deutschkenntnisse haben. Ihnen kann ich beim Erlernen der deutschen Sprache helfen.

Aysegül P.

Anhang

Programme, Projekte und Anlaufstellen

Es gibt viele Verbände, Einrichtungen und Organisationen, die Jugendliche mit Migrationshintergrund bei der Suche nach einer Ausbildungsstelle unterstützen oder während der Ausbildung begleiten möchten. Einige wenige sind bundesweit tätig, viele arbeiten lokal. Das Problem ist aber, dass sie viele Jugendliche gar nicht erreichen. Deshalb möchten wir hier ein paar ausgewählte Programme und Projekte vorstellen und Anlaufstellen nennen.

Anlaufstellen für Jugendliche mit Migrationshintergrund

- Die wichtigsten Anlaufstellen für Jugendliche mit einem Migrationshintergrund sind nach wie vor die regionalen Agenturen für Arbeit. Hier können sich die angehenden Schulabgänger nicht nur ausführlich über ihre berufliche Zukunft informieren, sondern inzwischen arbeiten auch zahlreiche Arbeitgeber, Organisationen und Institutionen direkt mit den Arbeitsagenturen zusammen. Die Berufsberater haben daher in der Regel einen guten Überblick über die Möglichkeiten der Jugendlichen, ins Berufsleben einzusteigen.

- Zusätzlich bieten die Agenturen umfangreiche Informationen für die Ausbildungsstellensuche im Internet an. Mehr Informationen gibt es unter www.berufenet.arbeitsagentur.de.

- Mehrsprachige Ausbildungsbörse für Jugendliche mit einem Migrationshintergrund und ihre Eltern in Köln: Veranstalter sind die Handwerkskammer zu Köln und die Agentur für Arbeit. Hier werden verschiedene Handwerksberufe vorgestellt, manches kann auch vor Ort ausprobiert werden. Vor allem für die Eltern stehen hier auch Informationen und Ansprechpartner in der Muttersprache zur Verfügung. Mehr Informationen bekommen Sie bei den Veranstaltern oder im Internet unter www.hwk-koeln.de.

- Jugendmigrationsdienste gibt es bundesweit. Sie unterstützen Jugendliche mit Migrationshintergrund während der Schulzeit und der Ausbildung. Gemeinsam mit den Jugendlichen werden Ziele gesteckt und erarbeitet. Mithilfe eines individuellen Förderplans, der Sprachförderung, Nachhilfe oder die Suche nach einer Ausbildungsstelle beinhalten kann, wird versucht, die geplanten Vorhaben umzusetzen.

  Den Jugendmigrationsdiensten ist der Kontakt zu den Eltern besonders wichtig. Denn wenn diese hinter den Jugendlichen stehen, wirkt das sehr motivierend. Der Jugendmigrationsdienst sieht sich auch ausdrücklich als Ansprechpartner für die Eltern. Informationen über den Jugendmigrationsdienst in der eigenen Region findet man im Internet unter http://www.jmd-portal.de.

- BQN: Das Berufliche Qualifizierungsnetzwerk ist eine Beratungsstelle zur Qualifizierung von Nachwuchskräften mit Migrationshintergrund. Es hilft Jugendlichen bei der Suche nach oder der Qualifizierung für eine Ausbildungsstelle. Diese Einrichtungen gibt es in einigen Städten und Regionen, sie sind auch als Anlaufstelle für Eltern gedacht.

Programme von Unternehmen, Stiftungen und Organisationen

Wie im Vorwort angesprochen, haben auch viele Unternehmen erkannt, dass sie auf Bewerber mit Migrationshintergrund angewiesen sind. Denn in absehbarer Zeit müssen sie mit einem enormen Fachkräftemangel umgehen. So entstehen auch für Jugendliche mit einem schlechten oder gar keinem Schulabschluss neue Möglichkeiten und Chancen, eine berufliche Ausbildung erfolgreich abschließen zu können. Hier möchten wir ein paar dieser Wege aufzeigen.

- Die Robert Bosch Stiftung hat das Programm „Integration junger Migranten" eingerichtet und unterstützt damit regionale Programme wie Nachhilfeunterricht, Tee- und Spielstunden, Mittagstisch, Lerngruppen, Schachnachmittage bis hin zu Fördergruppen für den qualifizierenden Hauptschulabschluss. Mehr Informationen und einen Plan mit den regionalen Projekten von Bremerhaven bis Freiburg gibt es unter www.bosch-stiftung.de/content/language1/html/4581.asp.

- Siemens: 250 zusätzliche Ausbildungsplätze für benachteiligte Jugendliche – seit einigen Jahren bietet Siemens jährlich 250 Ausbildungsplätze für Jugendliche an, die im herkömmlichen Bewerbungsprozess wohl durchfallen würden. Das Unternehmen möchte Jugendlichen eine Chance geben, die (oft auch migrationsbedingt) wegen mangelnder Schulleistungen oder sonstiger Defizite, etwa bei der Kommunikation, bisher noch keinen Ausbildungsplatz gefunden haben. Im Vordergrund der Bewerbungen stehen daher nicht die schulischen Leistungen der Bewerber, sondern ihre Neigungen und praktischen Fähigkeiten. Ihre Defizite können die Jugendlichen dann während der Ausbildungszeit durch zusätzliche Lehrangebote ausgleichen. Ihnen steht zudem ein persönlicher Mentor zu Seite, der sie bei Problemen und Schwierigkeiten unterstützt. Die Bewerbung für diese Ausbildungsplätze läuft über die jeweiligen Agenturen für Arbeit beziehungsweise die Jobcenter, Siemens setzt aber mindestens den Hauptschulabschluss voraus.

- Die Hamburger Stiftung für Migranten hat es sich zum Ziel gesetzt, Jugendliche mit Migrationshintergrund und schlechten Startvoraussetzungen unter die Arme zu greifen, damit sie eine Ausbildung absolvieren können. Sie bieten zum Beispiel freiwillige Praktika und begleitende Workshops oder Paten- und Mentoren-Projekte an. Mehr Informationen hierzu gibt es unter www.stiftung-fuer-migranten.de.

Nützliche Links

Informationen über Ausbildungsberufe

Die Bundesagentur für Arbeit bietet auf ihren Seiten einen umfangreichen Überblick über fast alle Ausbildungsberufe. Jeder einzelne Beruf wird hier steckbriefartig vorgestellt. Außerdem stehen Informationen darüber bereit, welche Weiterbildungsmöglichkeiten es gibt, wo und wie man sich ausbilden lassen kann und welche Voraussetzungen man dafür erfüllen muss. Wer also noch nicht weiß, was er werden möchte, kann hier ein wenig stöbern.
⇒ www.berufenet.arbeitsagentur.de

Überarbeiten von Bewerbungsunterlagen

Der Bewerbungsleser prüft die Bewerbungsunterlagen benachteiligter und unsicherer Jugendlicher kostenlos auf Rechtschreib- und Grammatikfehler. In den meisten Fällen gibt es zusätzlich eine kurze Einschätzung und ein paar Verbesserungsvorschläge. Die Bewerbungsunterlagen sollten frühzeitig per E-Mail beim Bewerbungsleser eintreffen, da bei vielen Nachfragen auf einmal die Bearbeitung länger als eine Woche dauern kann.

⇒ www.bewerbungsleser.de

Auch professionelle Hilfe beim Erstellen der Bewerbungsunterlagen gibt es im Internet.

⇒ www.bewerbungsmappencheck.de

⇒ www.arbeitsberatung.de

⇒ www.selbstsicher-bewerben.de

Testaufgaben, Einstellungstests

Eine Vielzahl an Einstellungstests bietet die Seite einstellungstest-fragen.de. Hier werden Tests aus allen Bereichen vorgestellt, zum Beispiel zu Allgemeinwissen, Mathematik, Rechtschreibung usw. Außerdem finden sich hier berufsspezifische Tests, etwa für Berufe im Finanz- oder Gesundheitsbereich, Handwerk oder für die kaufmännische Ausbildung. Wem das nicht reicht, der kann sich verschiedenen Persönlichkeitstests unterziehen.

⇒ www.einstellungstest-fragen.de

Wer lieber einen interaktiven Test machen möchte, kann einen Blick auf die Seiten der R+V Versicherung AG werfen. Neben den Fragen rund um das Allgemeinwissen stehen mathematisches und logisches Denken, Konzentrationsfähigkeit, Sprachvermögen und das räumliche Vorstellungsvermögen auf dem Prüfstand. Die Auflösung der Testaufgaben wird auch gleich angeboten. Die Fragen und Antworten gibt es unter:

⇒ http://ruv.cocomore.com/einstellungstest/

Stichwortverzeichnis

Abitur 70, 76, 81, 87, 93, 99, 105
Agentur für Arbeit 35
Anschreiben 43, 44
Arbeitserlaubnis 47
Aufenthaltserlaubnis 47
Aushilfstätigkeit 26, 49
Auslandsaufenthalt 51
Bankkaufmann/-frau 105
Berufspraktikum 17, 25, 33, 49
Berufsvorbereitungsjahr 33
Bewerbungsfoto 41, 42, 43
Bewerbungsgespräch 117, 119
Bewerbungsmappe 39, 40
Bewertungsfragebogen 26
Bundesagentur für Arbeit 7
Computerkenntnisse 18, 50
Deckblatt 40, 41, 42, 43
Dritte Seite 40
Ehrenamt 17, 28
Einstellungstest 119, 134
Einzelhandelskaufmann/-frau 69
E-Mail-Adresse 41, 43, 47
Erzieher/-in 63
Facebook 37
Familienstand 47
Ferienjob 26, 49
Fremdsprachen 18
Friseur/-in 58
Geburtsort 47
Geburtstag 47
Hard Skills 18, 19
Hauptschulabschluss 63, 70, 76, 81, 87, 93, 99, 105
Hobbys 13, 47

Interessen 11, 13
Interkulturelle Kompetenzen 14, 22, 24, 45
IT-Kenntnisse 50
IT-Systemkaufmann/-frau 99
Kaufmann/-frau für Marketingkommunikation 93
Konfession 47
Kopftuch 32, 33, 42
Kulturbedingte Kompetenzen 21
Kurzprofil 68
Lebenslauf 46, 48, 51, 54
Mechatroniker/-in 75
Medizinische/-r Fachangestellte/-r 87
Minderjährige Bewerber/-innen 31
Muttersprache 52
Muttersprachlicher Ergänzungsunterricht 49
Nationalität 47
Online-Bewerbung 41
Persönliche Daten 47
Probearbeit 12, 25, 59
Realschulabschluss 58, 63, 70, 76, 81, 87, 93, 99, 105
Rechtschreibung und Grammatik 39
Referenzen 40, 53
Reiseverkehrskaufmann/-frau 81
Soft Skills 14, 15, 16
Soziales Engagement 25, 27
Sprachkenntnisse 18, 21, 51
Twitter 37
Xing 37
Zeugnisse 26, 40

Die Autoren

Jasmin Hagmann ist im Journalismus groß geworden („Süddeutsche Zeitung" und andere). Seit 2004 berät und unterstützt sie Bewerber bei der optimalen Gestaltung ihrer Bewerbungsunterlagen und im Bewerbungsverfahren. Mehr unter: www.bewerbungsmappencheck.de

Christoph Hagmann
ist seit 1996 als Berater bei internationalen IT- und Strategieberatungen tätig. Als Partner und Head of Recruiting führt er vor allem Bewerbungsgespräche mit berufserfahrenen Kandidaten durch.